Saskia Ehrhardt, Melanie Zeller

Online persönlich beraten

Gesprächsführungstechnik für psychosoziale Beratungen im synchronen virtuellen Setting

Saskia Ehrhardt, Melanie Zeller

Online persönlich beraten

Gesprächsführungstechnik für psychosoziale Beratungen im synchronen virtuellen Setting

facultas

Die Autorinnen

Mag.[a] Saskia Ehrhardt, MA, Studien der Erziehungswissenschaft, psychoanalytisch orientierte Sozialtherapie im Suchtbereich, Sozialwirtschaft und Soziale Arbeit. Lehrende am Masterstudiengang „Sozialraumorientierte und Klinische Soziale Arbeit" an der FH Campus Wien. Vorstandsmitglied des European Centre for Clinical Social Work (ECCSW).

Mag.[a] Dr.[in] Melanie Zeller, psychosoziale Beraterin, Sozialpädagogin, systemische (Trauma-)Psychotherapeutin für jedes Alter und Gender, forschend und lehrend an diversen Bildungsinstitutionen und am Masterstudiengang „Sozialraumorientierte und Klinische Soziale Arbeit". Klinische Mentorin des European Centre for Clinical Social Work (ECCSW).

Bibliografische Information der Deutschen Nationalbibliothek
Die Deutsche Nationalbibliothek verzeichnet diese Publikation in der Deutschen Nationalbibliografie; detaillierte bibliografische Daten sind im Internet über http://dnb.d-nb.de abrufbar.

1. Auflage 2024

facultas Universitätsverlag, Stolberggasse 26, 1050 Wien, Österreich

Umschlagbild: © Saskia Ehrhardt, Melanie Zeller
Satz: Wandl Multimedia-Agentur, Groß Weikersdorf

ISBN 978-3-7089-2377-2 (Print)
ISBN 978-3-99111-822-0 (E-Pub)

Inhalt

Einleitung

In der psychosozialen Unterstützungslandschaft lässt sich generell eine große Methodenvielfalt feststellen, die sich über unterschiedliche Interventionen erstreckt und auch eine Vielzahl von Gesprächsführungstechniken beinhaltet. Mit dem Beginn der COVID-19-Pandemie und den ersten Lockdowns in Österreich zu Beginn des Jahres 2020 konnten wir eine dramatische Veränderung in der Gesprächsführungspraxis zwischen psychosozialen Fachkräften und deren Klient:innen beobachten. Das motivierte uns, die noch einmal an Fahrt gewinnende Vervielfältigung der Methoden der psychosozialen Unterstützung systematisch zu dokumentieren, um Erkenntnisse für Fachkräfte psychosozialer Beratung daraus ableiten zu können. Aus diesem Grund initiierten wir das Forschungsprojekt „Digiberth“, das Ende 2020 startete und als Quelle der in diesem Buch abgebildeten Erfahrungen und Erkenntnisse dient. Digiberth steht für Digitale Beratung und Therapie, wobei wir uns im Laufe des Projekts von den titelgebenden Begriffen distanzierten und in diesem Buch von psychosozialer Beratung im synchronen virtuellen Setting sprechen. Das Forschungsprojekt mündete in der Entwicklung eines speziell auf synchrone virtuelle Settings zugeschnittenen Gesprächsführungstrainings. Für dieses Training haben wir den Namen Digiberth beibehalten. Es wurde Anfang 2021 entwickelt und in unterschiedlichen psychosozialen Beratungskontexten erprobt, evaluiert und überarbeitet. In diesem Buch findet sich die letzte aktualisierte Fassung von 2023. Neben einer detaillierten Beschreibung des Trainings stehen Übungsaufgaben unterstützend zur Verfügung. Die hier vorgestellten Techniken der Gesprächsführung in synchronen virtuellen Settings können sofort in der Praxis angewendet werden.

Das bereits erwähnte Forschungsprojekt Digiberth umfasst zwei Teilprojekte. Der erste Teil, „Digiberth 1“, wurde von November 2020 bis Dezember 2021 durchgeführt. Der Schwerpunkt lag in der Klärung der Frage, welche handlungsleitenden Erfahrungen sich für die Transformation von Face-to-face-Settings in virtuelle Settings psychosozialer Beratung beschreiben lassen. Es nahmen 15 psychosoziale Berater:innen unterschiedlicher Handlungsfelder mit Beratungserfahrung sowohl im Face-to-face-Setting als auch im virtuellen Setting an „Digiberth 1“ teil. Mittels narrativer Interviews wurde das Datenmaterial erhoben. Die Auswertung der Interviews ergab, dass eine Beratung im synchronen virtuellen Setting besonderer Techniken in der Gesprächsführung im Vergleich zur Beratung im Face-to-face-Setting bedarf. Aspekte möglicher Gesprächsführungstechniken wurden 2021 bei unterschiedlichen Fachtagungen[1] der Sozialen Arbeit in den DACH-Ländern diskutiert. Zusätzlich wurden erste Versionen eines eigens entwickelten Gesprächsführungstrainings im synchronen virtuellen Setting von und mit Studierenden eines Masterstudiums Klinischer Sozialer Arbeit erprobt. Aufgrund der Rückmeldungen der ersten Erprobungsphase wurde der zweite Teil des Forschungsprojekts, „Digiberth 2", umgesetzt. Mit den Ergebnissen wurden wir von der FH Campus Wien für den Ars-Docendi-Staatspreis für exzellente Lehre an Österreichs Hochschulen nominiert. Der Beitrag ist unter Guter Lehre (https://gutelehre.at/) zu finden.

Das Folgeprojekt „Digiberth 2" ging der Frage nach, wie Fachkräfte der Klinischen Sozialarbeit in der digitalen Transformation psychosozialer Handlungsfelder wirksam professionell tätig werden können. Im Zeitraum 12/2021 bis 07/2022 setzten wir den zweiten Teil des Projekts um. Zehn Mitarbeiterinnen aus zehn unterschiedlichen Einrichtungen des Netzwerks Österreichischer Frauen- und Mädchenberatungsstellen nahmen an dem im Rahmen des Forschungszeitraums entwickelten Digiberth-Gesprächsführungstraining teil. Sie wendeten die Digiberth-Gesprächsführungstechnik in ihrer Beratungspraxis an. Mittels Beobachtungsprotokollen zu drei unterschiedlichen Erhebungszeitpunkten, einer Fokusgruppe und leitfadengestützten Interviews wurden im zweiten Projektzeitraum nochmals wesentliche Erkenntnisse zur Digitalisierung psychosozialer Versorgung gewonnen, die in die Überarbeitung der Digiberth-Gesprächsführungstechnik und in dieses Buch eingeflossen sind. Wir bedanken uns herzlich bei all unseren Projektpartner:innen, die das Projekt aktiv unterstützt und damit erst ermöglicht haben. Dazu gehören

1 Bei diesen Fachtagungen wurde ein Panelbeitrag zum Forschungsprojekt präsentiert: Fachtagung des ECCSW: 20.05.2022, „Digitalisierung und neue Perspektiven der psychosozialen Arbeit" (online); Fachtagung Klinische Sozialarbeit: 09./10.06.2022, „Wirkung" (Olten, CH); DVSG-Bundeskongress 10./11.11.2022, „Gesellschaftlicher Wandel in Krisenzeiten – Herausforderungen für die gesundheitsbezogene Soziale Arbeit" (Kassel, D).

neben den Mitarbeiter:innen der unterschiedlichen psychosozialen Beratungsstellen auch die Studierenden des Masterstudiengangs Klinische Soziale Arbeit der FH Campus Wien sowie die FH Campus Wien, die das Forschungsprojekt Digiberth finanzierte.

Im ersten Teil des Buches erklären wir umfassend, was unter einem synchronen virtuellen Setting zu verstehen ist. Anschließend werden schrittweise besondere Herausforderungen in der Umsetzung eines solchen Beratungssettings beleuchtet, um differenziert Beratungsbedarfe zu identifizieren, für die ein synchrones virtuelles Setting indiziert ist. Die Inhalte werden entlang eines Fallbeispiels erklärt. Der zweite Teil des Buches beinhaltet das Gesprächsführungstraining Digiberth, das Kompetenzen in der synchronen virtuellen Beratung schult. Hier finden sich eine detaillierte Schilderung der Gesprächsführungstechnik und eine handlungsorientierte Anleitung zur Umsetzung. Mittels Trainingsaufgaben können gezielt Gesprächsführungskompetenzen geschult werden, die für das professionelle Führen von psychosozialen Beratungsgesprächen im synchronen virtuellen Setting gebraucht werden. Die Trainingsaufgaben finden sich am Ende des Buches und können separat heruntergeladen werden. Das Buch leistet damit einen Beitrag zur Anerkennung des synchronen virtuellen Beratens als vollwertige und eigenständige Beratungsmethode in psychosozialen Handlungsfeldern.

Im Buch haben wir essenzielle Aspekte übersichtlich in Infoboxen abgebildet. Zusätzlich befinden sich in den einzelnen Kapiteln immer wieder Reflexionsaufgaben, die zum Innehalten und Reflektieren einladen. So wird der Transfer der im Buch beschriebenen Erkenntnisse und Erfahrungen in den persönlichen Kompetenzbereich unterstützt. Aspekte, zu denen sich am Ende des Buches ein Trainingsbeispiel findet, sind mit dem Symbol einer schreibenden Hand gekennzeichnet und nummeriert (z. B. ✍ **T 1**), sodass die betreffenden Übungen gezielt gefunden werden können. Beispiele sind grau hinterlegt und setzen sich so vom erklärenden Text ab.

Wir wünschen viel Freude mit diesem Methodenbuch, dem Ausprobieren der Gesprächsführungstechnik und den Übungen dazu.

Teil A

1. Beratung

Eingangs widmen wir uns zunächst der Betrachtung allgemeiner Grundlagen von Beratung in psychosozialen Handlungsfeldern, bevor wir in den folgenden Kapiteln auf die Spezialisierung der psychosozialen Beratung in synchronen virtuellen Settings eingehen.

Psychosoziale Beratung ist eine spezifische Form der zwischenmenschlichen Kommunikation von einer beratenden Person mit einer ratsuchenden Person. Diese Hilfeform wirkt „unterstützend, präventiv, rehabilitativ, kurativ, informativ, heilend und entwicklungsfördernd“ (Beushausen, 2020, S. 7).

Eine Person ist im Rahmen einer Beratung einer anderen Person dabei behilflich Anforderungen um Belastungen im Alltag, schwierige Probleme oder Krisen zu bewältigen. Beratung kann Hilfen beim Abwägen von Wahlmöglichkeiten bzw. bei der „kognitiven und emotionalen Orientierung“ (Otto & Thiersch, 2011, S. 109) in schwierigen Lebenslagen umfassen. Sie unterstützt Ratsuchende dabei Wahlmöglichkeiten abzuwägen, sich bei mehreren Alternativen zu entscheiden oder Optionen bewusst offenzuhalten. Beratung ermöglicht und fördert Zukunftsüberlegungen und Planungen. Zu beratende Personen werden bei der Realisierung erster Planungsschritte unterstützt und bei ersten Handlungsversuchen mit Reflexionsangeboten begleitet (Otto & Thiersch, 2011, S. 109). Es handelt sich um einen Interaktionsprozess, der sich „spezifisch, strukturiert, klientenzentriert, problem- und lösungsorientiert“ (Widulle, 2020, S. 169) gestaltet.

Wir gehen in unseren Betrachtungen von einem biopsychosozialen und lebensweltorientierten Menschenbild aus. Dabei wird die Person ganzheitlich verstanden und als Expertin für das eigene Leben angesehen. Menschen werden in belastenden Lebenssituationen mittels Beratung unterstützt, wobei ihnen die Verantwortung für ihr Handeln nicht abgenommen wird. Stattdessen ist psychosoziale Beratung ein Angebot auf Zeit, bei dem es gilt, „Prozesse der Problembewältigung, der Entscheidungs-, Erlebnis- und Handlungsfähigkeiten in einem überschaubaren zeitlichen Rahmen“ (Braches-Chyrek, 2017, S. 239) wiederherzustellen.

Der Beratungsprozess wird von der beratenden Fachkraft so arrangiert, dass er die Lebensbewältigungsprozesse der zu beratenden Person fördert. Dabei ist der wichtigste Aspekt in der Beratungssituation der Aufbau einer tragfähigen Arbeitsbeziehung zwischen der beratenden Fachkraft und der zu beratenden Person. Damit dies gelingt, werden seitens der Fachkraft methodische, fachliche und personale Kompetenzen benötigt. Die personalen Kompetenzen beinhalten neben Respekt und Wertschätzung (✍ **T 2**) gegenüber der ratsuchenden Person auch Akzeptanz und „die Fähigkeit, in Kontakt, Begegnung und Beziehung professionell handeln zu können" (Beushausen, 2020, S. 7). Zu den fachlichen und methodischen Kompetenzen gehören neben der Fähigkeit, die Probleme auf einer Sachebene zu bearbeiten, noch weitere Kompetenzen. Es würde den Rahmen dieses Buches sprengen, detailliert und umfassend darauf einzugehen. Einige Prämissen sollen jedoch hier genannt werden: Zu den fachlichen Beratungskompetenzen gehören neben der bereits erwähnten Herstellung der Arbeitsbeziehung auch das Halten und das professionelle Beenden derselben. Die aktive Steuerung des Nähe-Distanz-Verhältnisses zu Klient:innen sowie das bewusste Agieren im eigenen professionellen Zuständigkeits- und Verantwortungsbereich sind weitere Grundsätze professionellen Beratens. Die Beratungskompetenzen werden im Rahmen einer individuellen Rollenauffassung umgesetzt. Fachkräfte benötigen ein Verständnis über ihre professionelle Rolle, in der Haltungen gegenüber den Klient:innen, wie bspw. „eine Akzeptanz individueller Sinnkonstruktionen" (Beushausen, 2020, S. 15), verankert sind. Um angemessen auf veränderliche Beratungsanliegen, Beratungskontexte und persönliche Befindlichkeiten eingehen zu können, muss das professionelle Rollenverständnis von Fachkräften flexibel sein. Wir bezeichnen diese Fähigkeit als „Rollenelastizität". Wir werden später in diesem Buch im Kontext des synchronen virtuellen Settings noch einmal detaillierter darauf eingehen. Fachkräfte müssen zusätzlich über eine ausreichende Methodenkompetenz verfügen, die die Umsetzung dieser basalen Prinzipien erlaubt. Dazu gehört auch die Fähigkeit, einzuschätzen, welche Methoden für eine bestimmte Frage- oder Problemstellung bzw. Lebenssituation einer Unterstützung suchenden Person angemessen oder möglicherweise auch kontraindiziert sind. Fachkräfte psychosozialer Beratung benötigen die

Kompetenz, vor dem Hintergrund des präsentierten Problems bewusst zu entscheiden, welche Beratungsmethoden eingesetzt werden können.

Es gibt unterschiedliche Konzepte und Modelle des Verlaufs eines Beratungsgesprächs. Je nach Beratungskontext oder Zielsetzung lassen sich unterschiedliche Gesprächsphasen definieren. Wir greifen exemplarisch drei gängige Beschreibungen heraus: Benesch (2020, S. 89ff.) erklärt den Einsatz des Dialogs in Beratungsgesprächen anhand von drei Schritten: Analysieren – Reorganisieren – Stärken. Für Beushausen (2016, S. 126) durchläuft ein Beratungsgespräch diese Phasen: Die Beratung beginnt mit dem Gesprächseinstieg, es folgen Problembeschreibung, Ziel- und Auftragsklärung und Aktionsphase. Die Abschlussphase markiert das Gesprächsende. Nach Widulle (2020, S. 169ff.) kann ein Beratungsgespräch entlang von sieben Gesprächsphasen abgewickelt werden. Zuerst gilt es Kontakt aufzunehmen und die Situation abzuklären. Das aktuelle Thema und der Ist-Zustand sind zu eruieren. Danach werden Ziele entwickelt und die Umsetzung wird geplant. Am Ende des Beratungsgespräches erfolgt eine Zusammenfassung und die Beratungssituation wird abgeschlossen. Den drei dargestellten Modellen über Gesprächsphasen in Beratungssituationen ist gemein, dass sie eine Einstiegsphase, eine Explorations- und Bearbeitungsphase sowie eine Abschlussphase definieren. Diese drei Phasen können als fundamentale Aufteilung verstanden werden. Je nach fachlicher Ausrichtung und angewendeter Methodik werden die Phasen dann u. U. weiter differenziert und speziell gestaltet. Wir haben uns für das Gesprächsführungstraining Digiberth, dem wir uns im zweiten Teil des Buches ausführlich widmen, an dieser fundamentalen Dreiteilung eines Beratungsgesprächs orientiert. Abgeleitet davon definieren wir diese drei grundlegenden Gesprächsphasen: Eröffnungsphase – Bearbeitungsphase – Verabschiedungsphase. Damit lehnen wir uns an bestehende Modelle an, modifizieren die Gesprächsführungsphasen jedoch für den speziellen Einsatz in synchronen virtuellen Settings. Eine detaillierte Anleitung zur aktiven Gestaltung der drei Phasen sowie Trainingsaufgaben dazu finden sich in Teil B dieses Buches.

Infobox

Das Gesprächstraining Digiberth berücksichtigt drei Gesprächsphasen: Eröffnungsphase, Bearbeitungsphase und Verabschiedungsphase.

Nachdem wir auf grundlegende Haltungen und Beratungskompetenzen sowie auf Gesprächsphasen innerhalb eines Beratungsgespräches eingegangen sind, werfen wir noch einen Blick auf die Möglichkeiten zur Bestimmung des Beratungsendes. Es ist denkbar, ein Beratungsende im Hinblick auf das Erreichen von bestimmten Resultaten zu betrachten. Die Beratungsergebnisse sind dabei jedoch „nicht das Resultat voraus geplanter Interventionen, sondern sie entstehen in einer kommunikativen Situation als ‚Produkte' aller Beteiligten" (Braches-Chyrek, 2017, S. 239). Die Kommunikation in Beratungssituationen kann als Austausch von Wissen, Erfahrungen bzw. Erkenntnissen gesehen werden. Dabei gilt es zu beachten, dass in der Vorstellung darüber, was erreicht werden kann oder soll, in der Perspektive von Fachkräften und Unterstützung suchender Person Diskrepanzen bestehen können. Die Herausforderung besteht darin, Ambivalenzen, Diskrepanzen und Zielkonflikte aufzudecken und kommunikativ zu bearbeiten. Beushausen (2016, S. 10) sieht es als notwendig an, derartigen Differenzen grundsätzlich mit wohlwollender Akzeptanz zu begegnen. Pauls und Reicherts (2013) verwenden die Begriffe „Valenz" und „Relevanz", um zu verdeutlichen, in welcher Hinsicht Erwartungen an das Beratungsgespräch und dessen Ergebnisse unterschieden werden können. Valenz kann als Leidensdruck der Unterstützung suchenden Person verstanden werden. Unter diesem Begriff wird gefasst, welche subjektive Wertigkeit in der Frage- oder Problemstellung der Beratung in Anspruch nehmenden Person liegt. Die Valenz muss mitnichten der Einschätzung über die Relevanz des präsentierten Problems übereinstimmen. Die Fachkraft kann bspw. sehr wohl zu dem Entschluss kommen, dass Problemaspekte, die bei der betroffenen Person keinen großen Leidensdruck verursachen, relevant für die Bearbeitung sind. Ein Beispiel aus der Beratungspraxis verdeutlicht diese Diskrepanz: Eine Person, die sich in einer Sozialberatungsstelle einfindet, hat zwei nicht beglichene Monatsmieten und eine offene Rechnung bei einem Versandhandel für Gartenmöbel. Zwischen der Beratung in Anspruch nehmenden Person und dem Vermieter herrscht bereits länger ein gespanntes Verhältnis. Die zu beratende Person sagt, dass ihr die offenen Monatsmieten egal seien, denn der Vermieter sei ein schlechter Mensch, außerdem ohnehin vermögend und auf die Miete nicht angewiesen. Die Motivation, die Mietrückstände zu begleichen, wird als sehr gering bedeutet. Dagegen verbindet die Beratung in Anspruch nehmende Person mit den Gartenmöbeln angenehme Erlebnisse und fühlt eine Art persönlicher Verpflichtung, diese Schulden zuerst zu begleichen, damit der freundliche Händler zu seinem Geld kommt. Aus fachlicher Sicht würde die Regulierung der Mietschulden zweifellos als relevanter eingeschätzt als die offene Rechnung beim Versandhandel. Die Dissonanz zwischen Valenz und Relevanz ist in einem Beratungsgespräch zunächst „wohlwollend zu akzeptieren" (Beushausen, 2016, S. 10) und kommunikativ einer Bearbeitung zuzuführen. Für unser Beispiel hieße das, dass die zu beratende Person die aktuelle Schuldensituation vollständig erfasst hat und die Konsequenzen ihres Handelns erkennt. Dies gilt es in einem oder mehreren Beratungsgesprächen zu erreichen. Die Person hat in unserem Beispiel mindestens vier Möglichkeiten:

a) Sie begleicht zunächst die Schulden beim Versandhandel, wissend, dass die Mietschulden zu einem Wohnungsverlust führen können.
b) Sie begleicht zunächst die Schulden beim Vermieter, um einen Wohnungsverlust abzuwenden. Dafür akzeptiert sie die Konsequenz, beim Versandhandel weiterhin Schulden zu haben.
c) Die Person versucht, beide Gläubiger zu bedienen, und vereinbart jeweils Ratenzahlungen.
d) Die Person begleicht keinerlei Schulden und akzeptiert die damit verbundenen Konsequenzen.

Das Ergebnis einer Beratung kann also so verstanden werden, dass die zu beratende Person selbstständig Entscheidungen treffen und veränderte Zukunftsperspektiven entwickeln kann. Personen werden bei der Bewältigung aktueller Probleme in der Weise unterstützt, dass sie lernen, Schwierigkeiten „in eigener Regie zu beheben oder zumindest zu mildern" (Widulle, 2020, S. 169).

Ein vollständiger Beratungserfolg wäre erst gegeben, wenn die zu beratende Person „selbstständig (autonom) ihre Situationen spiegeln bzw. ihre Problemlagen formulieren, die Bedingungen ihrer Entscheidungen überblicken und die Folgen ihres Handelns abwägen [kann]" (Braches-Chyrek, 2017, S. 239). Hier wird ein idealtypischer Zustand eines Beratungsergebnisses sichtbar. In der Regel werden eher Teilergebnisse zu erzielen sein, vor allem dann, wenn die Problemlagen der zu beratenden Personen komplex und vielschichtig sind. Jedenfalls ist auch in einem

Beratungsverlauf kommunikativ zu klären, wann die erzielten (Teil-)Ergebnisse für die Beratung in Anspruch nehmende Person als ausreichend angesehen werden. Je nach Beratungskontext werden Fachkräfte ihre professionelle Einschätzung zum Beratungserfolg geben. Im Abgleich der Beurteilung des Beratungsergebnisses kann es zu neuerlichen Verwerfungen und Diskrepanzen kommen, die wiederum zunächst akzeptierend und wohlwollend festzuhalten sind, um in einem weiteren kommunikativen Aushandlungsprozess zu münden. Das Ende eines Beratungsprozesses sollte idealerweise transparent und explizit erfolgen.

Psychosoziale Beratungen können auf zwei unterschiedlichen Ebenen betrachtet werden. Einerseits ist es sinnvoll, eine Beratungseinheit, d. h. ein Beratungsgespräch, in unterschiedliche Gesprächsphasen zu unterteilen. Wie wir oben bereits dargestellt haben, kann von einer fundamentalen Dreiteilung ausgegangen werden, die ein Beratungsgespräch in eine Einstiegs-, eine Explorations- und Bearbeitungs- sowie eine Abschlussphase unterteilt. Auch wenn ein Beratungsprozess mehrere Beratungseinheiten, d. h. mehrere Gespräche umfasst, sollte jedes einzelne Beratungsgespräch dieser fundamentalen Gliederung unterliegen. Eine zweite Betrachtungsebene nimmt den Beratungsprozess, der aus mehreren Beratungseinheiten besteht, in den Blick. Je nachdem, ob es sich bspw. um ein Erstgespräch oder ein Abschlussgespräch handelt, werden unterschiedliche Beratungsschwerpunkte innerhalb des Beratungsprozesses deutlich. Ein Modell zur Abbildung von Beratungsabläufen beginnend mit der initialen Herstellung einer Arbeitsbeziehung bis hin zu einer Vernetzung mit weiterführenden Unterstützungsstellen bieten Pauls und Reicherts (2013) an. Es eignet sich gut, um den Verlauf eines Beratungsprozesses darzustellen und konzeptionell zu nutzen. Wir kommen in Bezug auf die Durchführung psychosozialer Beratung im synchronen virtuellen Setting in Kapitel 3 auf dieses Modell zurück.

Infobox

> Beratungen können hinsichtlich einzelner Beratungseinheiten, aber auch hinsichtlich des aus mehreren Beratungseinheiten bestehenden Beratungsprozesses analysiert werden.

2. Das synchrone virtuelle Setting

2.1. Begriffsbestimmung

Die meisten Beratungsmodelle und -konzepte, die vor der COVID-19-Pandemie veröffentlicht wurden, gingen von einem Begegnungsszenario zwischen psychosozial beratender Fachkraft und zu beratender Person aus, das *face to face*, also von Angesicht zu Angesicht, stattfindet. Entsprechend sind auch Hinweise, Anleitungen und Techniken vielerorts so konzipiert, dass die Anwesenheit aller an der Beratung beteiligten Personen zur selben Zeit und am selben Ort angenommen wird. Mit der COVID-19-Pandemie kam es zu einer zunächst in vielen Fällen erzwungenen Erweiterung des bestehenden Repertoires an Durchführungsarten für psychosoziale Beratungen.

Viele Organisationen und Einrichtungen starteten in einem Improvisationsmodus und probierten unterschiedliche Arten zu beraten aus. Ein Modus, der seit den letzten drei Jahren in der Praxis regelmäßig zu Anwendung kommt, ist die Konstellation, dass die zu beratende Person und die professionell beratende Fachkraft sich zur selben Zeit, aber nicht am selben Ort in einem Beratungsprozess befinden bzw. in diesen eintreten. Wichtig ist an dieser Stelle anzumerken, dass die regelmäßige Anwendung dieser Praxis nicht automatisch mit einer Implementierung in Beratungskonzepte gleichgesetzt werden darf. Dies ist vielmehr ein Entwicklungsschritt, den viele Organisationen noch umsetzen müssen. Dazu kommen wir aber später noch.

Widmen wir uns zunächst noch einmal der Begriffsbestimmung der synchronen virtuellen Beratung. Grundsätzlich verstehen wir darunter, dass die Personen, die miteinander in einem Gespräch stehen, zur selben Zeit nicht am selben Ort sind. In dieser Konstellation kann es vorkommen, dass videogestützte Technik eingesetzt wird. Es ist aber ebenso möglich, dass nur über Audiokanäle (z. B. Telefon) oder per Schrifteingabe (z. B. Chats) miteinander kommuniziert wird. All das sind Varianten psychosozialer Beratung im synchronen virtuellen Setting. Diese Durchführungsart psychosozialer Beratung grenzt sich einerseits gegen Face-to-Face-Settings dadurch ab, dass sich die in den Beratungsprozess involvierten Personen nicht am selben Ort befinden. Vergleichbar mit einem Face-to-Face-Setting ist hingegen, dass ohne Zeitversatz, also synchron, miteinander kommuniziert wird. Andererseits unterscheidet sich das synchrone virtuelle Setting von Beratungsformen, wo sich die beteiligten Personen zwar ebenfalls nicht am selben Ort befinden, aber auch nicht zur selben Zeit kommunizieren (z. B. Onlineberatung). In einem solchen Beratungssetting, das auch als asynchron bezeichnet wird, gibt es eine unterschiedlich große zeitliche Verzögerung in der Kommunikation zwischen der beratenden Fachkraft und der Beratung in Anspruch nehmenden Person.

Während asynchrone virtuelle Beratungen (Engel, 2019) bereits ein eigenes differenziertes Handlungsprofil haben, sind Handlungsabläufe in synchronen virtuellen Settings noch weniger detailliert ausgearbeitet. Für asynchrone Onlineberatungen besteht bereits ein elaborierter Theoriediskurs. Das Angebot einer Onlineberatung kann einen selbstbestimmteren Umgang mit Beratung erhöhen (Engel, 2019, S. 3). Engel geht davon aus, dass neue (Online-)Beratungspraktiken sich auf Face-to-Face-Beratungen auswirken und zu interdependenten Formen des Beratens führen können. Es könnte eine Verbindung bzw. ein Wechsel oder eine Kombination von Online- und Offline-Kontexten geschaffen werden. Beratung kann diverser und in Alltagskulturen der Klientel integrierbar werden. Diese Beratungspraktiken finden sich unter dem Begriff des *„blended counselling“* (Engel, 2019, S. 30). Dabei ist die Idee des *blended counselling* nicht auf den Wechsel von asynchronen virtuellen Formaten (z. B. Onlineberatung) und Face-to-Face-Settings beschränkt, sondern schließt auch synchrone virtuelle Beratungsformate mit ein.

Infobox

Bei einer psychosozialen Beratung in einem synchronen virtuellen Setting befinden sich die an der Beratung beteiligten Personen zur selben Zeit an unterschiedlichen Orten. Die Kommunikation kann dabei videogestützt, über Schrifteingabe oder über Audiokanäle stattfinden.

2.2. Bedingungen

Bei allem berechtigten Optimismus, mit veränderten Beratungspraxen eine größere Diversität zu erzeugen und damit verbesserte, klientelbezogene Beratungsformate zu kreieren, sollen an dieser Stelle wesentliche Bedingungen für eine gelingende Digitalisierung psychosozialer Beratung beleuchtet werden.

Engel (2019, S. 31) weist darauf hin, dass bildungsferne Adressat:innen in der Nutzung virtueller Formate noch unterrepräsentiert sind. Das digitale Angebot schaffe keine besondere Zugänglichkeit. Zu ähnlichen Schlussfolgerungen kommen auch Rösch et al. (2021, S. 347), wenn sie mit Blick auf wohnungslose Menschen festhalten, dass „die tatsächliche, kontinuierliche Verfügbarkeit digitaler Technologien sozial ungleich verteilt" ist. Beispielsweise verfügten 2018 knapp 77 % der befragten wohnungslosen Menschen in der Metropolregion Nürnberg über ein Smartphone (Rösch et al., 2021, S. 349). Der freie Zugang zu Strom sowie eine kostenlose Möglichkeit der Internetnutzung hatten für die befragte Gruppe mit die höchste Priorität. Rösch et al. (2021, S. 349) leiten aus diesen Angaben ab, dass „die tatsächlichen Nutzungsmöglichkeiten trotz Besitz eines Smartphones eingeschränkt verfügbar, aber wichtig sind". Nicht nur wohnungslose Menschen sind von der ungleichen Verteilung in Bezug auf die Nutzungsmöglichkeiten digitaler Angebote betroffen. Verschiedene Studien legen den Schluss nahe, dass sich digitale Ungleichheiten direkt an soziale Ungleichheiten anschließen und eng an den sozioökonomischen Status von Personen gekoppelt sind (Chiusi et al., 2020; Kutscher, 2014; Maier-Rabler, 2021; Roeske, 2021). Der Blick richtet sich hier nicht nur auf die technische Ausstattung, sondern auch auf Kompetenzen im Umgang mit digitalen Technologien. Für die Schaffung virtueller Beratungsformate – seien sie synchron oder asynchron – heißt das, dass die digitalen Voraussetzungen der Adressat:innen berücksichtigt werden müssen. Wir werden im Kapitel zu Einsatzmöglichkeiten und Grenzen einer synchronen virtuellen Beratungsmethode (**Kapitel 6**) noch einmal auf diesen Punkt zurückkommen.

Wenn wir digitalisierte Beratungspraxen in den Fokus der Betrachtung stellen, kann ganz grundsätzlich festgehalten werden, dass der Beratungsraum und in der Folge auch der Kommunikationsraum in eine virtuelle Sphäre verlegt wird. Für asynchrone Onlineberatung fasst Engel diesen Umstand so zusammen: Es handelt sich um „ein kommunikatives Angebot in den kommunikativen Kulturen des Internets" (Engel, 2019, S. 31). Interaktive und kommunikative Alltagspraxen können für eine virtuelle Beratung genützt werden, sofern bestimmte digitale Voraussetzungen erfüllt sind, wie wir am Phänomen der digitalen Ungleichheit bereits gezeigt haben. Im virtuellen Kommunikationsraum des Internets finden sich bekanntermaßen aber nicht nur professionelle Beratungspraxen. Vielmehr sind virtuelle Räume durch andere kommunikative Praktiken geprägt, wie bspw. in sozialen Netzwerken. Professionelle synchrone und asynchrone virtuelle Beratungssettings bilden einen separaten Raum mit eigenen kommunikativen Abläufen und Regeln. Hier ist keine Aufmerksamkeit beanspruchende Selbstinszenierung notwendig oder angebracht. In sämtlichen professionellen Beratungssettings geht es nicht um „öffentlichkeitswirksame Bewertung und die permanente Beurteilung durch Dritte“ (Engel, 2019, S. 31). Es gilt nicht, ein geschöntes Bild der eigenen Person darzustellen wie in unterschiedlichen kommunikativen Räumen des Internets. Stattdessen wird im virtuellen Beratungssetting ein Raum eröffnet, wo vorsichtig gedacht und reflektiert wird, nächste Schritte überlegt werden, Selbstwirksamkeit zurückgewonnen und gesellschaftliche Teilhabe ermöglicht werden kann. Für Personen, die Beratung in virtuellen Settings in Anspruch nehmen, bedeutet das, sich auf eine veränderte Kommunikationskultur einzulassen, die den Prämissen eines professionellen Beratungsgesprächs entspricht. Von der Seite der beratenden Fachkräfte wird im Gegenzug erwartet, kommunikativ einen Raum zu schaffen, der die Ansprüche einer professionellen Beratung erfüllen kann. Dazu gehört möglicherweise auch, sich im Sinne eines niederschwelligen Zugangs an in bestimmten virtuellen Räumen üblicherweise vorherrschende Kommunikationsstrukturen anzupassen, um einen Kontaktaufbau zu ermöglichen. Nur so kann die Idee eines lebensweltorientierten Zugangs zu ganz unterschiedlichen Adressat:innen, der eben auch virtuelle Räume umfasst, gelingen.

An die Auseinandersetzung mit dem Zugang zu digitalen Angeboten schließt sich unmittelbar die Debatte um die Niederschwelligkeit virtueller Settings an. Oftmals wird vorauseilend angenommen, dass digitale Angebote flexibler nutzbar seien und der Zugang zu Unterstützung erleichtert werden könne – die Angebote an sich also niederschwelliger seien. Argumente dieser Art sind vor allem im Zusammenhang mit der Entwicklung neuer digitaler Services und Dienstleistungen anzutreffen, deren vermeintliche Vorzüge so herausgestellt werden. Dabei erstreckt sich die

Entwicklung digitaler Services und Dienstleistungen über eine Vielzahl von Handlungsfeldern der Sozialen Arbeit, wie folgende Beispiele verdeutlichen: Schulsozialarbeit (bspw. ready4life, 2023), Geriatrie (bspw. APP Lumoo, 2022) oder Gesundheitskompetenz (bspw. Life Ehealth App, 2023). Diese Auswahl ist bei Weitem nicht umfassend, sondern dokumentiert lediglich die bereits vorzufindende Spannbreite der Angebote. Es ist von einem wachsenden Markt für digitale Anwendungen auszugehen, wobei der Begriff der „Niederschwelligkeit“ häufig als *asset* verwendet wird. Derzeit listet das Bundesinstitut für Arzneimittel und Medizinprodukte 51 digitale Gesundheitsapps auf, die ärztlich verordnet werden können (bfarm, 2023). Daneben gibt es eine nahezu unüberschaubare Anzahl an Projekten, die sich der (Weiter-)Entwicklung digitaler Anwendungen widmen oder die aktuell im Pilotmodus getestet werden (vgl. bspw. Richter, 2021).

Neben der Betrachtung der Vorteile digitaler Services und Dienstleistungen sollten jedoch auch die Bedingungen für deren funktionalen Einsatz festgehalten werden. Oben haben wir bereits die Frage der Teilhabe und Reproduktion von Ungleichheitsphänomenen skizziert und sind auf kommunikative Herausforderungen eingegangen. Ein anderer wichtiger Aspekt ist aus unserer Sicht der Umgang mit Daten. Die Möglichkeit, datenschutzkonform zu arbeiten, wurde für die Caritas Münster bereits 2019 als wesentliche Voraussetzung für die Nutzung digitaler Dienste formuliert (Dreier, 2019). Dabei spielte es bspw. auch eine Rolle, ob Adressat:innen digitale Anwendungen ohne vorherige Registrierung nutzen können. Wir plädieren für einen differenzierten Blick, um zu beurteilen, ob ein synchrones virtuelles Beratungsangebot tatsächlich niederschwelliger ist als andere Beratungsformen. In den folgenden Kapiteln dieses Buches werden wir zeigen, welche Voraussetzungen Organisationen und beratende Fachkräfte benötigen, um erreichbare Beratungsangebote zu schaffen bzw. welche Erfordernisse sich für Adressat:innen ergeben, um synchrone virtuelle Beratung gut nutzen zu können.

Neben der Frage der Niederschwelligkeit gibt es eine weitere Komponente, die in synchronen virtuellen Beratungssettings konzeptuell bedacht werden muss. Durch die Verwendung videogestützter Kommunikationstechniken werden möglicherweise Einblicke in private Lebensbereiche der gesprächsbeteiligten Personen gewährt. An dieser Stelle sollen zunächst grundlegende Betrachtungen dazu festgehalten werden, was die Einsichtnahme in private Räume für ein Beratungsgespräch bedeutet. Sowohl die Fachkraft als auch die Beratung in Anspruch nehmende Person werden durch den Einsatz videogestützter Technik in die Lage versetzt, einen sprichwörtlichen Einblick in den Aufenthaltsraum der anderen gesprächsbeteiligten Person zu bekommen. Während psychosozial beratende Fachkräfte solche privaten Einblicke von Hausbesuchen bei Klient:innen kennen oder zumindest in ihrer Ausbildung mit diesem besonderen Beratungssetting konfrontiert waren, ist der umgekehrte Fall, dass Klient:innen ebenfalls den privaten Raum der Fachkraft sehen können, erst seit der Beratungspraxis im Homeoffice ein häufiges Phänomen. So naheliegend der Vergleich mit Hausbesuchen im Face-to-Face-Setting auch ist, müssen doch wesentliche Unterschiede zum virtuellen synchronen Setting benannt werden. Am deutlichsten tritt hier die quasi gleichberechtigte Möglichkeit der Einsichtnahme in den Raum der jeweils anderen Person in den Vordergrund. Aufgrund des begrenzten Bildausschnitts in einem videogestützten Gespräch können Fachkraft und zu beratende Person gleichermaßen kontrollieren und entscheiden, welcher Teil des privaten Raums gezeigt werden soll. Maßgeblich für diese Entscheidung dürfte der Zweck des virtuellen Gesprächs sowie die Beziehungsqualität zwischen den gesprächsbeteiligten Personen sein. Susanne Gerull (2014) betont, dass auch bei Face-to-Face-Hausbesuchen der Anlass des persönlichen Aufsuchens und das Ziel der Inaugenscheinnahme des privaten Klient:innenraums geklärt werden muss. Das Doppelmandat der Sozialen Arbeit in Form von Hilfe und Kontrolle sei dabei den analogen Hausbesuchen immanent (Gerull, 2014, S. 140). Klarheit und Transparenz über den Auftrag eines Hausbesuchs seien für Fachkräfte hilfreich, um im Spannungsfeld des Doppelmandats unterstützend professionell tätig zu sein. Im Rahmen einer synchronen virtuellen Beratung versucht die Fachkraft ebenfalls transparent zu kommunizieren, ob der Beratungsanlass ausschließlich Hilfe oder auch Kontrolle beinhaltet. Gleichzeitig müssen sich Fachkräfte, die einen Ausschnitt ihres privaten Raums in einer videogestützten Kommunikation zeigen, mit der Frage beschäftigen, wie sie diesen Einblick durch die Klient:innen erleben. Als wir im Winter 2020 mit Fachkräften psychosozialer Beratung sprachen, die den Wechsel von Face-to-Face-Gesprächen zu virtuellen Beratungsformaten soeben vollzogen hatten, konnten wir diesbezüglich unterschiedliche Erfahrungen festhalten (Ehrhardt & Zeller, 2021). Die Spannbreite der Erfahrungsmuster reichte von einer großen Verunsicherung und Abneigung, die nicht selten mit dem Vermeiden videogestützter Kommunikation einherging, bis hin zu einer bereichernden Erfahrung, die professionelle Rolle auch bewusst inszenieren zu können. Hausbesuche im Face-to-Face-Setting erfordern ein Ausbalancieren von Nähe und Distanz, ebenso wie andere Beratungsformate. Hält sich die Fachkraft im Rahmen eines Hausbesuches im privaten Raum von Klient:innen auf, so ist sie der Unterstützung suchenden Person bereits sprichwörtlich sehr nahegekommen. Im Vergleich dazu befinden sich Klient:in und Fachkraft bei einem Gespräch in einer Beratungsstelle in größerer Distanz zum privaten Raum der Klient:innen. Interessant ist, dass Klient:innen die besondere Nähe bei analogen Hausbesuchen als überwiegend angenehm beschrieben (Gerull, 2014, S. 142f.) Dagegen schilderten Fachkräfte eine gesteigerte Anstrengung, die professionelle Distanz zu wahren (Gerull, 2014, S. 142f.). In einem synchronen virtuellen Setting ist Distanz einerseits durch den Aufenthalt an unterschiedlichen Orten gegeben. Gleichzeitig kann aber eine große Nähe in der Begegnung im virtuellen Raum entstehen. Dies passiert dann, wenn wechselseitig Einblicke in den privaten Raum ermöglicht werden. Unangenehm oder unangemessen wird die Nähe möglicherweise dann, wenn sich die Einsichtnahme der Kontrolle entzieht. Wir denken hier bspw. an Personen oder Haustiere, die plötzlich den Raum betreten und in den Bildausschnitt gelangen, oder an Gegenstände, die im sichtbaren Bereich der Kamera verblieben sind, obwohl dies nicht so gewollt war.

„Hausbesuche beruhen selten auf geschlossenen Handlungskonzept(ion)en der Praxis", so Gerull (2014, S. 158). Das heißt, ein flexibles Agieren und situationsangepasstes Reagieren charakterisieren analoge Hausbesuche. Leitend sind der Anlass und das Ziel des Hausbesuchs, der Verlauf desselben ist aber wenig standardisierbar. Gerull stellt jedoch deutlich einen Bedarf in der Strukturierung von Hausbesuchen heraus. Fachkräfte sollten den Zweck, die Dauer sowie Betretens- und Verlassenssequenzen im Vorfeld analoger Hausbesuche reflektieren. Ebenso ist eine strukturierte Vorgehensweise bei synchronen virtuellen Settings empfehlenswert, um einerseits klient:innen- und bedarfsorientiert vorzugehen und sich andererseits im Spannungsfeld von Nähe und Distanz angemessen bewegen zu können. Das Digiberth-Gesprächstraining, das wir im zweiten Teil des Buches vorstellen, geht detailliert auf eine mögliche Strukturierung von psychosozialen Beratungsgesprächen im synchronen virtuellen Setting ein.

Infobox

Die Durchführung synchroner virtueller Beratung ist an Voraussetzungen geknüpft. Hierzu zählen digitale Teilhabe, das Anwenden angemessener Kommunikationsformen, Datenschutz und Transparenz hinsichtlich der sozialarbeiterischen Intention sowie ein strukturiertes Vorgehen.

3. Elemente psychosozialer Beratung

Professionelle psychosoziale Beratung findet immer – unabhängig von ihrer Durchführungsart – unter definierten Bedingungen statt. Diese können auch als Setting beschrieben werden. Dabei gibt es unterschiedliche Auffassungen, welche einzelnen Aspekte zu einem Beratungssetting gehören. Für Rita Braches-Chyrek (2017, S. 239) existieren drei konstitutive Elemente für Beratung in der Sozialen Arbeit: Professionalität, institutionelle bzw. organisationale Rahmung und gesellschaftliche Bedingungen. Wir werden im weiteren Verlauf dieses Buches auf alle drei konstitutiven Elemente und deren Bedeutung für die psychosoziale Beratung in synchronen virtuellen Settings eingehen.

3.1. Professionalität

Eine professionelle Beratungspraxis grenzt sich von einer Laienberatung dadurch ab, dass professionelle Berater:innen über ein fachspezifisches Wissen, spezielle Kompetenzen, einen entsprechenden Habitus sowie über eine Vorstellung bezüglich ihrer professionellen Identität verfügen. Wissen, Kompetenz, Habitus und professionelle Identität können auch als Grundbausteine von Professionalität verstanden werden. Der Fokus dieses Buches liegt auf der speziellen Kompetenz der Gesprächsführung, die dazu eingesetzt werden soll, in einem synchronen virtuellen Setting eine professionelle psychosoziale Beratung durchzuführen.

Wie kann Gesprächsführungskompetenz grundsätzlich in das Verständnis eines professionellen Beratungsablaufs integriert werden? Hier ist das Modell der Beratungskompetenzen nach Helmut Pauls und Michael Reicherts (2013, S. 66) hilfreich, das wir im vorigen Kapitel bereits angekündigt haben. Es stellt professionelles Beraten als ein prozesshaftes Geschehen dar. Auf insgesamt fünf Ebenen werden Kompetenzen beschrieben, die in einem idealtypischen Beratungsprozess von der ersten bis zur fünften Ebene zu durchlaufen sind (Abb. 1). Auf jeder Ebene werden die zu bearbeitenden Aufgaben besonders auch an Kompetenzen der Gesprächsführung geknüpft. Dabei gilt zu beachten, dass dieses Modell unter der Annahme eines Face-to-Face-Beratungssettings entwickelt wurde.

PROFESSIONELLE BERATUNG:

MEHREBENENMODELL DER BERATUNGSKOMPETENZEN

Ebene	Kompetenzen
5	Systemisch-institutionelle Kompetenzen
4	Aufgabenorientierte Kompetenzen komplex
3	Aufgabenorientierte Kompetenzen einfach
2	Beziehungsorientierte Kompetenzen
1	Elementare interaktionale Kompetenzen

Abbildung 1: Mehrebenenmodell der Beratungskompetenzen, eigene Darstellung in Anlehnung an Pauls & Reicherts, 2013, S. 66

Auf der ersten und zugleich untersten Ebene sind elementare interaktionale Kompetenzen verankert. Ziel dieser Phase des Beratungsprozesses ist es, einen Kontakt zwischen den am Beratungsgeschehen beteiligten Personen herzustellen. Es werden drei Aktionen benannt (Pauls & Reicherts, 2013, S. 62), die seitens der Fachkraft dafür umzusetzen sind:

- das Herstellen eines Settings,
- das Zuwenden von Aufmerksamkeit inklusive einer bewussten Blicksteuerung und
- aktives Zuhören.

Die Urheber des Modells (Pauls & Reicherts, 2013, S. 59) verdeutlichen, dass Fachkräfte in der Lage sein müssen, ein Setting für die Beratung in einem allgemeinen und in einem fallspezifischen Sinne herzustellen. Zu den allgemeinen Settingbedingungen gehören demnach die Bestimmung der Finanzierung, der institutionellen und rechtlichen Rahmung sowie die Frage nach der Durchführungsart der Beratung (bspw. aufsuchend).

Die fallspezifische Settingbildung müsse für den jeweiligen individuellen Fall festlegen, welche Beratungsbedingungen geeignet sind, um die fallspezifische Problematik zu bearbeiten. Dazu gehören unter anderem auch die Bestimmung von Beratungsort, Beratungsdauer und -frequenz sowie die Einbindung anderer Akteur:innen.

Infobox

> Zur professionellen Rolle von psychosozial beratenden Fachkräften gehört die aktive, zielgerichtete und bewusste Herstellung eines allgemeinen und eines fallspezifischen Settings.

Für Face-to-Face-Beratungen sind die allgemeinen Settingbedingungen in der Regel bereits durch die Art und den Auftrag der Beratungseinrichtung bzw. Organisation geklärt. Je nach Spezialisierungsgrad der Einrichtung ist auch das fallspezifische Setting bereits in Grundzügen definiert. Es gibt in der Regel den Fachkräften bekannte Vorgaben, in welchem Umfang (zeitlich und inhaltlich), in welcher Frequenz und an welchen Orten Beratungen angeboten werden können. Auch die Finanzierung der Beratungsleistungen ist den Fachkräften in den meisten Fällen bekannt, hängen damit doch eng deren administrative und Dokumentationspflichten zusammen.

Erfolgt nun ein Wechsel vom Face-to-Face- auf ein synchrones virtuelles Beratungssetting, haben beratende Fachkräfte bei der Gestaltung des Beratungssettings zusätzliche Herausforderungen zu meistern. Während unserer Begleitung von Fachkräften im Jahr 2020 während der ersten Lockdowns der COVID-19-Pandemie konnten wir deren handlungsleitende Erfahrungen im notwendig gewordenen Wechsel vom Face-to-Face- zum synchronen virtuellen Setting beschreiben (Ehrhardt & Zeller, 2021). Eine wesentliche handlungsleitende Erfahrung konzentrierte sich ganz basal auf die Möglichkeit, überhaupt ein Beratungssetting herzustellen. Für viele Beratungsangebote war im Jahr 2020 während der ersten Lockdowns im Zusammenhang mit der COVID-19-Pandemie zunächst nicht klar, ob diese weitergeführt oder ausgesetzt werden sollen. Fachkräfte wurden zum Teil in die Notwendigkeit versetzt, für eine begrenzte Zeitspanne ohne organisationalen Rahmen zu bestimmen, ob und wie sie den Kontakt zu ihren Klient:innen halten. Grundlegende Voraussetzungen ihrer Diensterbringung mussten neu bestimmt werden. Zusätzlich zur generellen Klärung des Arbeitsauftrags mussten Fragen hinsichtlich der technischen Ausstattung von Arbeitsplätzen und Unsicherheiten in der rechtlichen Absicherung vor allem in Bezug auf verwendete Medien von den Fachkräften gelöst werden. Die Klärung des Auftrages, die technische Ausstattung und die rechtliche Absicherung haben wir als Basisherausforderungen bezeichnet. Wir möchten darauf hinweisen, dass es durchaus weitere basale Bedingungen für die Durchführung einer professionellen Beratung geben kann. Die drei von uns eruierten Basisherausforderungen bezeichnen jene Erfahrungen, die wir in der Begleitung der psychosozial beratenden Fachkräfte im Jahr 2020 beobachten konnten. Einen Anspruch auf Vollständigkeit erheben wir hier nicht. Relevant ist aus unserer Sicht die Erkenntnis, dass es Vorbedingungen für professionelles Beraten zu geben scheint, die den Beratungsprozess beeinflussen.

Reflexionsfrage

> Wenn Sie an Ihre eigene berufliche Praxis denken: Wie transparent sind für Sie die Basisherausforderungen?

Im Wechsel der Beratung von Face-to-Face- auf synchrone virtuelle Settings zeigte sich deutlich, dass die Klärung der Basisherausforderungen Vorrang vor der Durchführung der Aktionen hat, die im Mehrebenenmodell der Beratungskompetenzen (Pauls & Reicherts, 2013, S. 66) auf der untersten Ebene beschrieben werden. Es muss zunächst grundsätzlich die Möglichkeit für das Bilden eines virtuellen Beratungssettings geschaffen und der Arbeitsauftrag für beratende Personen seitens deren Organisationen geklärt werden. Nach der Erfüllung dieser Basisherausforderung benötigen Fachkräfte eine angemessene technische Ausstattung des Arbeitsplatzes. Für ein synchrones virtuelles Setting sind bspw. ein internetfähiger Computer und ein geeigneter Raum notwendig. Die dritte Basisherausforderung ist die Herstellung der Rechtssicherheit bzgl. der verwendeten Medien und Kommunikationsmittel, um danach mit den elementaren interaktionalen Aktionen der psychosozialen Beratung beginnen zu können. Die dokumentierten Erfahrungen der Fachkräfte, die wir im Jahr 2020 begleiten durften, (Ehrhardt & Zeller, 2021) zeigen, dass es eine Hierarchisierung der Bedürfnisse hinsichtlich der Arbeitsbedingungen gibt. Sind die Bedingungen einer Stufe erfüllt, ist das Bearbeiten der Inhalte der nächsten Stufe möglich. Fehlen die Voraussetzungen der unteren Ebenen oder fallen bspw. durch die Umstellung von Face-to-Face- auf synchrone virtuelle Settings weg, kommt es in der Bearbeitung der Inhalte zu einer Fokussierung auf die darunterliegenden basalen Voraussetzungen. Bspw. kann ohne einen Arbeitsauftrag keine Rechtssicherheit gewährleistet werden. Ohne eine adäquate technische Ausstattung kann nicht mit elementaren interaktionalen Aktionen begonnen werden. Beratende und zu beratende Personen kommen nicht ins Gespräch.

Auf der zweiten Ebene des Modells der Beratungskompetenzen (Pauls & Reicherts, 2013, S. 66) sind beziehungsorientierte Aktionen ausführbar, wie bspw. beziehungssensibel zu kommunizieren. Bezweckt wird der Aufbau einer tragfähigen Arbeitsbeziehung zwischen Fachkraft und zu beratender Person. Die dritte Ebene ermöglicht einfache aufgabenorientierte Aktionen, wie Informieren, Konfrontieren oder Setzen von Handlungsanleitungen (Pauls & Reicherts, 2013, S. 66). Auf der vierten Ebene sind komplexe aufgabenorientierte Aktionen mit psychosozialen Beratungstechniken durchführbar, die sich im Beratungsprozess je nach fachlicher Spezialisierung vielfältig ausgestalten lassen. Hier kann auf unterschiedliche Beratungstechniken zurückgegriffen werden, die der Bearbeitung der fallspezifischen Frage- oder Problemstellung dienlich sind. Denkbar sind Elemente der systemischen Beratung, wie bspw. zirkuläres Fragen oder Techniken der psychodynamischen Beratung, wie etwa Containing. Neben diesen beiden exemplarisch herausgegriffenen Beratungspraktiken sind eine Vielzahl von weiteren Techniken in der vierten Ebene des Mehrebenenmodells eines Beratungsprozesses anwendbar. Auf dieser Ebene wird das Durcharbeiten von Erlebensweisen und die emotionale Klärung von Frage- und Problemstellungen intendiert. Die fünfte Ebene ermöglicht systemisch-institutionelle Aktionen, mit Fokus auf die Klärung relevanter Systeme und Netzwerke sowie der Koordination von Angeboten. Während eines Beratungsprozesses ist nicht ausschließlich eine Ebene nach der anderen zu bedienen. Vielmehr bewegen sich die beratenden Fachkräfte mit ihren Aktionen von der ersten Ebene in Richtung der fünften und wandern – ähnlich einem Regler – wieder herunter, wenn es die Beratungssituation erfordert.

Mit dem verstärkten Bemühen der Fachkräfte um die Erfüllung der von uns bezeichneten Basisherausforderungen (Klärung des Arbeitsauftrags, technische Ausstattung und rechtliche Absicherung) ging in unserer Beobachtung im Jahr 2020 eine Reduktion psychosozialer Beratungsaktionen einher (Ehrhardt & Zeller, 2021). Es wurde deutlich, dass bei Nichterfüllung der Basisherausforderungen die Aktionen im Beratungsprozess hauptsächlich auf die Stufen eins bis drei nach dem Modell der Beratungskompetenzen (Pauls & Reicherts, 2013, S. 66) beschränkt blieben. Beratende Personen bewegten sich vor allem auf diesen Ebenen. Die Ebenen vier und fünf, das heißt komplexe aufgabenorientierte Aktionen und systemisch-institutionelle Aktionen, wurden dagegen kaum durchgeführt (Abb. 2).

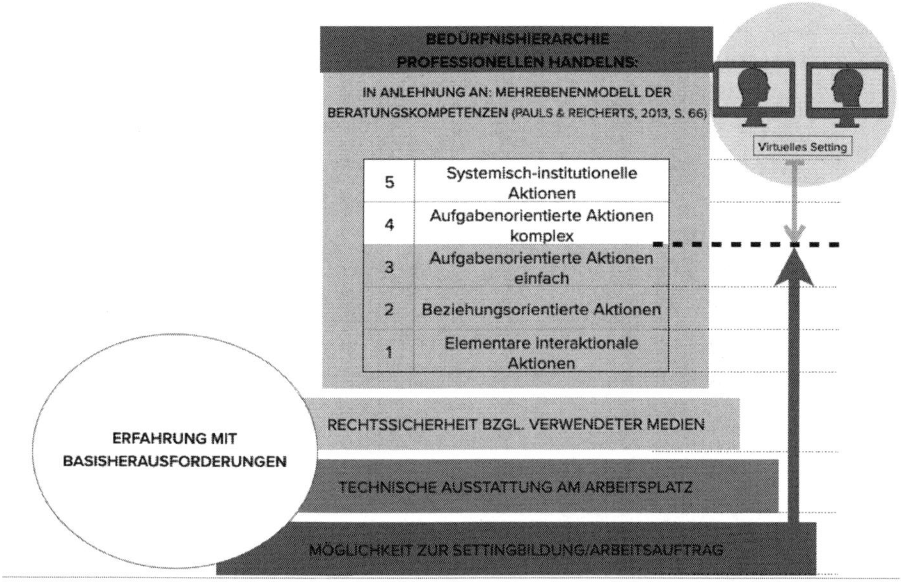

Abbildung 2: Klärung von Basisherausforderungen im Beratungsprozess (Ehrhardt & Zeller, 2021, S. 13)

Infobox

> Die Herstellung eines geeigneten Beratungssettings ist eine Herausforderung, die Fachkräfte aktiv, zielgerichtet und bewusst meistern müssen. Sind Basisherausforderungen bereits auf institutioneller oder organisationaler Ebene geklärt, können sich Fachkräfte leichter in vollem Umfang auf die Durchführung des Beratungsprozesses fokussieren.

Sind die Fachkräfte auf den Ebenen des Beratungsprozesses aktiv, treten Erfahrungen in den Vordergrund, die sich mit der eigenen professionellen Rolle und den Chancen des synchronen virtuellen Settings beschäftigen. Ist das synchrone virtuelle Setting neu und noch nicht in eine professionelle Routine überführt, kommt es zu einer besonderen Beanspruchung des professionellen Rollenverständnisses. Fachkräfte stehen vor der Aufgabe, eine möglicherweise ungewohnte Beratungsmethode nicht nur anzuwenden, sondern auch in ihr professionelles Rollenbild zu integrieren. Während diese Anpassung für manche Personen leichter zu sein scheint, ist es für andere schwieriger, stark veränderte Arbeitsweisen in ihr professionelles Rollenbild zu integrieren. Wir bezeichnen diese Anpassungsfähigkeit als Rollenelastizität. Wie sie von der jeweiligen beratenden Person gemeistert wird, steht in einem Zusammenhang damit, wie die Chancen eines synchronen virtuellen Beratungssettings grundsätzlich bewertet werden: als chancenreich oder chancenlos.

Der Wechsel von etablierten Face-to-Face-Settings auf synchrone virtuelle Settings bedeutet für viele beratende Personen zunächst eine Erhöhung der Rollenelastizität in der Wahrnehmung der Grenzen der eigenen professionellen Rolle. Eine erhöhte Rollenelastizität kann sich darin zeigen, dass es zu einer Zunahme an Flexibilität in der Arbeitsweise kommt. Diese wird bspw. darin deutlich, dass beratende Personen eine hohe Bereitschaft zum Ausprobieren und Korrigieren von neuen und ihnen unbekannten Vorgehensweisen (Trial-and-Error-Verfahren) haben. Unter einer hohen Rollenelastizität verstehen wir aber auch, dass Fachkräfte eigenverantwortlich initiierte Aktionen in hohem Maße vornehmen, um fehlende Kompetenzen, z. B. im Umgang mit digitalen Medien, auszugleichen. Oftmals werden solche empfundenen Defizite auch autodidaktisch kompensiert. Eine vorhandene Rollenelastizität ist also einerseits eine

Voraussetzung dafür, das professionelle Selbstbild, also das Verständnis der eigenen professionellen Rolle, an sich verändernde Anforderungen der Arbeitswelt anzupassen. Dennoch sind Fachkräfte zur Wahrung der Professionalität darauf angewiesen, dass sie innerhalb eines bestimmten Rollenverständnisses bleiben und eine Abgrenzung hin zu anderen Rollen erhalten bleibt. Eine zu hohe Elastizität geht mit der Gefahr einher, dass die professionelle Rolle ihre Kontur verliert und das Verhalten, das innerhalb einer Beratungssituation gezeigt wird, in andere Rollen übergeht. Ein Beispiel für eine solche Überlappung wäre, wenn Fachkräfte nach Dienstschluss Beratungsgespräche führen, obwohl sie eigentlich bereits in ihrer privaten Rolle sind. Dabei sind Anlässe zu Grenzverschiebungen im Berufsalltag keine Besonderheit und Korrekturen des akzeptablen Bereiches der professionellen Rolle müssen von Fachkräften fortlaufend vorgenommen werden. Problematisch können solche Grenzverschiebungen dann werden, wenn diese Korrekturen auch über einen längeren Zeitraum nicht gelingen.

Reflexionsfrage

> Was empfinden Sie als hilfreich, wenn Korrekturen des akzeptablen Bereichs Ihrer professionellen Rolle erforderlich sind?

Deutlich werden solche Korrekturen des akzeptablen Bereichs der professionellen Rolle auch im synchronen virtuellen Setting, bspw. wenn virtuelle Beratungen von privaten Räumen aus durchgeführt werden. Eine räumliche Grenzverschiebung hat hier bereits stattgefunden, indem das Beratungsgespräch nicht in einer dafür vorgesehenen Einrichtung stattfindet, sondern eben bspw. in der Wohnung der Fachkraft. Hier ist eine Abgrenzungsleistung von den Fachkräften zu erbringen, innerhalb ihres privaten Raumes ein professionelles Gespräch zu führen. Wird diese Grenze nicht berücksichtigt, kann es vorkommen, dass sich in ein Beratungsgespräch eine Plauderei einschleicht oder anderweitige Standards professioneller Gesprächsführung nicht umgesetzt werden. Das kann sich bspw. darin äußern, dass die vorgesehene Dauer eines Beratungsgesprächs nicht eingehalten wird. Passieren solche Grenzverschiebungen, sollten Fachkräfte diese bewusst zur Kenntnis nehmen und eine Entscheidung darüber treffen, ob das Verhalten jenseits etablierter Grenzen fortbestehen soll oder einer Korrektur bedarf. Eine andauernde Grenzverletzung, d.h. ein regelmäßiges Agieren außerhalb des eigenen professionellen Rollenbildes, führt unserer Erfahrung nach zu einer erhöhten Belastung der Fachkräfte und zu einer Bewertung des synchronen virtuellen Settings als nicht aussichtsreich für die psychosoziale Beratung. In weiterer Folge kann es zum Aussetzen von Beratungsgesprächen kommen, das mit der Unmöglichkeit der Durchführungsart begründet wird und nicht etwa damit, dass es nach fachlicher Einschätzung keinen Beratungsbedarf mehr gibt. Hinsichtlich der Rollenelastizität können wir drei Erfahrungsmuster beschreiben (Abb. 3):

1. Hohe Rollenelastizität und Grenzverschiebung der professionellen Arbeitsbeziehung hin zu privaten Beziehungsqualitäten bei gleichzeitiger Bewertung des synchronen virtuellen Settings als wenig aussichtsreich.
2. Hohe Rollenelastizität mit gelingender Korrektur der Grenzverschiebungen in der professionellen Arbeitsbeziehung und gleichzeitiger Bewertung des synchronen virtuellen Settings als aussichtsreich.
3. Niedrige Rollenelastizität mit einer starren Auskleidung und der Grenzverschiebung der professionellen Arbeitsbeziehung hin zu Beratungspausen, die durch die Art der zur Verfügung stehenden Kommunikation motiviert wurden. Zusätzlich wird das synchrone virtuelle Setting als wenig aussichtsreich bewertet.

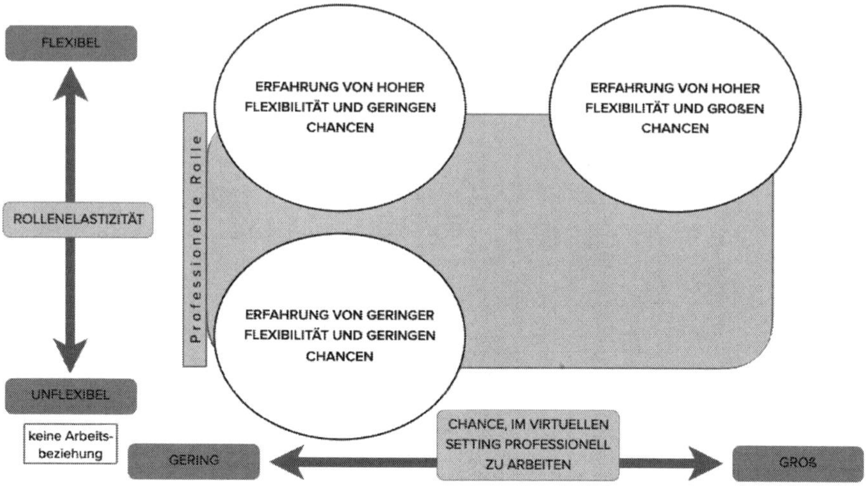

Abbildung 3: Flexibilität und Chancen des synchronen virtuellen Settings (Ehrhardt & Zeller, 2021, S. 14)

Die Chancen des virtuellen Settings wurden von den Fachkräften, die uns im Jahr 2020 über ihre Beratungspraxis berichteten (Ehrhardt & Zeller, 2021), in zwei Ausprägungen beurteilt. Ein Erfahrungsmuster zeigt sich so, dass das synchrone virtuelle Arbeiten eher weniger Chancen bietet. Die Beratung im synchronen virtuellen Setting wird unter anderem von den Fachkräften dadurch als erschwert beurteilt, dass keine Kontrolle über das Herstellen des Settings wahrgenommen wird. Das Gewährleisten eines sicheren Beratungsraumes, das in Face-to-Face-Settings unstrittig zu den professionellen Aufgaben der beratenden Person gehört, kann im synchronen virtuellen Setting oft nicht in der gleichen Weise übernommen werden. Das wird als belastender Umstand erfahren. Diametral entgegengesetzt können wir aber auch die Erfahrung festhalten, dass dem synchronen virtuellen Setting sehr hohe Chancen hinsichtlich der eigenen persönlichen Weiterentwicklung, aber auch hinsichtlich der Entwicklung der zu beratenden Person zugesprochen werden. Der Stolz, die technischen Herausforderungen gemeistert zu haben, ist ein Empowerment-Faktor für beratende und zu beratende Personen. Bei der Erfahrung, dass das virtuelle Setting eine hohe Chance bietet, ist gleichzeitig eine hohe Flexibilität in der professionellen Rolle festzuhalten. Im Unterschied zu den flexiblen Rollenausstattungen mit gleichzeitig empfundener niedriger Chancenbewertung des virtuellen Settings werden bei der chancenreichen Einschätzung des Settings bei Fachkräften keine Grenzverletzungen der professionellen Rolle und ein hohes Empfinden eigener professioneller Handlungsfähigkeit beschrieben.

Infobox

Hinsichtlich der Rollenelastizität und der Beurteilung der Chancen eines synchronen virtuellen Settings können drei unterschiedliche Erfahrungsmuster beschrieben werden: hohe Rollenelastizität bei geringen Chancen, geringe Rollenelastizität bei geringen Chancen und hohe Rollenelastizität bei hohen Chancen.

Reflexionsfrage

Wie bewerten Sie die grundsätzlichen Chancen eines virtuellen Beratungssettings in Ihrem Arbeitsumfeld?

Eine andere Herausforderung, die sich mit dem Wechsel von Face-to-Face-Settings hin zu synchroner virtueller Beratung stellt, ist die Sprache, in der kommuniziert wird. Sprachbarrieren zwischen Fachkraft und zu beratender Person wirken sich in synchronen virtuellen Settings anders aus, als wenn die Personen in einem Raum an einem Tisch sitzen. Dolmetscher:innen können in einem virtuell geführten Beratungsgespräch einerseits gut hinzugezogen werden. Andererseits muss ersichtlich bleiben, wer das Beratungsgespräch führt. Die psychosozial beratende Fachkraft ist gefordert, trotz Sprachbarrieren das Beratungsgespräch aktiv zu leiten und nicht an die Person abzugeben, die über die besseren sprachlichen, nicht aber psychosozial-fachlichen Kompetenzen verfügt. Die aktive Steuerung des Beratungsgesprächs ist grundsätzlich in jedem Beratungssetting dem Verantwortungsbereich der beratenden Fachkraft zuzuordnen. Der Anspruch, die Leitung des Gesprächs zu verdeutlichen, kann in synchronen virtuellen Settings allerdings nicht auf dieselbe Art umgesetzt werden wie in Face-to-Face-Begegnungen. Treffen sich alle an der Beratung beteiligten Personen in einer Beratungsstelle, kann die psychosozial beratende Fachkraft bereits durch die Hoheit über die Beratungsräume ihre verantwortliche Rolle in der Gesprächsführung dokumentieren. Gerade videogestützte Formate zeichnen sich aber dadurch aus, dass eine Uniformität zwischen den Gesprächsbeteiligten herrscht. Alle angezeigten Videos haben dasselbe Format, die Ausschnitte der Personen im Bild sind in etwa gleich groß. Dominierend im Gespräch wird hier schnell, wer die bessere Internetverbindung hat. Dies entspricht selbstredend nicht den fachlichen Standards der Durchführung einer Beratung. Fachkräfte, die synchron virtuell beraten, müssen also ihren Gesprächsführungsanspruch verbal umsetzen. Dies bedeutet eine zusätzliche Aufgabe, die im Beratungsgespräch zu bewältigen ist. Wie die aktive Steuerung und damit auch die Verantwortlichkeit für die Gesprächsführung praktisch umgesetzt werden kann, stellen wir im zweiten Teil des Buches im Rahmen des Digiberth-Gesprächsführungstrainings vor.

3.2. Organisationale Rahmung

Neben dem bis hierhin ausführlich behandelten ersten konstitutiven Element der Beratung – der Professionalität – benennt Rita Braches-Chyrek (2017, S. 239) die institutionelle bzw. organisationale Rahmung als zweites konstitutives Element. Institutionelle bzw. organisationale Rahmenbedingungen sind auch für Angebote synchroner virtueller Beratung zu beschreiben. Innerhalb der organisationalen Rahmung werden die Arbeitsbedingungen bestimmt, die Fachkräfte für ihre Beratungspraxis vorfinden. Es gibt eine Verknüpfung von Professionalität und organisationalen Rahmenbedingungen, wie wir anschließend für das synchrone virtuelle Setting zeigen werden. Unsere Begleitung psychosozialer Fachkräfte im Zeitraum von Dezember 2020 bis November 2022 im Rahmen des Forschungsprojektes Digiberth – Digitale Beratung und Therapie – legt drei zentrale Erkenntnisse nahe (Ehrhardt & Zeller, 2021):

1. Strukturelle Arbeitsbedingungen beeinflussen das professionelle Rollenverständnis inklusive der Rollenelastizität.
2. Eine vorhandene Rollenelastizität ermöglicht eine flexible Ausgestaltung des professionellen Handelns.

3. Psychosoziale Beratung wird im synchronen virtuellen Setting als chancenreich erfahren, wenn Fachkräfte sich als handlungsfähig und professionell selbstwirksam erfahren.

Die unter dem ersten Punkt genannten strukturellen Arbeitsbedingungen umfassen die bereits ausführlich beschriebenen Basisherausforderungen. Der organisationalen Ebene kommt hierbei die Aufgabe zu, die basalen Bedingungen für das Arbeiten in synchronen virtuellen Settings herzustellen. Zu geklärten Basisherausforderungen gehören:

- einen konkreter Arbeitsauftrag,
- eine angemessene technische Ausstattung am Arbeitsplatz und
- die rechtliche Absicherung der Verwendung spezieller Medien und digitaler Services.

Das führt zum zweiten Punkt: Gute strukturelle Arbeitsbedingungen ermöglichen den Fachkräften, ihr professionelles Handeln im Rahmen ihres Rollenverständnisses einzusetzen und ihr professionelles Handlungsrepertoire (✍ **T 1**) auszuschöpfen. So kann die Rollenflexibilität konstruktiv genutzt werden, um je nach fallbezogener Frage- oder Problemstellung geeignete Beratungsmethoden oder -techniken anzuwenden. Sind die strukturellen Rahmenbedingungen förderlich, so fallen Rollenabgrenzungen und Rollenkorrekturen leichter. Unkontrollierbare Grenzverschiebungen, die Fachkräfte auch als belastend wahrnehmen, können durch geeignete strukturelle Arbeitsbedingungen reduziert werden. Ein Beispiel dazu: Wenn Fachkräfte mit einem Diensthandy ausgestattet sind, dann müssen sie für Beratungsgespräche nicht ihr privates Telefon benutzen. Somit erübrigt sich bereits das Problem, zu überlegen, ob die eigene Rufnummer bei einer Kontaktaufnahme unterdrückt werden soll, weil man die private Telefonnummer Klient:innen nicht mitteilen möchte. Fachkräfte kommen nicht in den Zugzwang, ihre Klient:innen mit ersichtlicher Telefonnummer zu kontaktieren, weil diese das Gespräch bei unterdrückten Rufnummern evtl. nicht annehmen. Die Abgrenzung zwischen privater und professioneller Rolle wird strukturell durch das Zur-Verfügung-Stellen eines geeigneten technischen Arbeitsmittels unterstützt. Geklärte Basisherausforderungen und ein ausgeschöpftes Handlungsrepertoire erhöhen in der Folge die professionelle Handlungssicherheit, wie der dritte Punkt zeigt. Unter Handlungssicherheit verstehen wir, dass Fachkräfte sich professionell handlungsfähig und selbstwirksam erfahren. Geklärte Basisherausforderungen mit einem breiten Handlungsrepertoire und hoher Handlungssicherheit erhöhen wiederum die subjektiv empfundene Qualität der Beratung. Eine hohe Qualität der Beratung verbessert und aktiviert das Herstellen individueller Arbeitsbündnisse (Abb. 4).

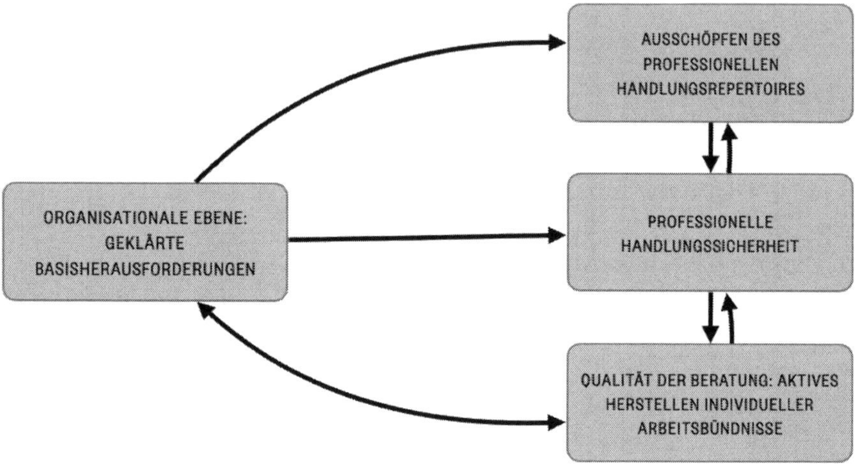

Abbildung 4: Verschränkung von organisationaler und professioneller Handlungsebene, eigene Darstellung

Die konstituierenden Elemente der Professionalität und der organisationalen bzw. institutionellen Rahmung von psychosozialer Beratung sind miteinander verschränkt und stehen in Wechselwirkung zueinander. Dies zeigt sich auch für synchrone virtuelle Settings. Während die Klärung der strukturellen Arbeitsbedingungen unter die organisationale Rahmung von Beratung fällt, können die Bereiche des Ausschöpfens des professionellen Handlungsrepertoires, der professionellen Handlungssicherheit und die Schaffung tragfähiger Arbeitsbündnisse dem konstituierenden Element der Professionalität zugeschrieben werden. Der organisationalen Rahmung kommt im Digitalisierungsprozess eine besondere Rolle zu, wie Klinger et al. (2022) in einer Studie zeigen. In den meisten der von ihnen untersuchten Fälle erfolgte die Einführung digitaler Anwendungen *top-*

down. Das heißt, auf der Ebene der organisationalen Leitung wurde die Einführung und Nutzung bestimmter digitaler Services oder Technik beschlossen. Eine hohe Akzeptanz der Einführung und Umsetzung von digitalen Lösungen habe es in den Einrichtungen aber vor allem dann gegeben, wenn Fachkräfte Mitsprachemöglichkeiten hatten, deren Bedürfnisse und digitale Kompetenzen berücksichtigt wurden und die ausgewählten digitalen Services und Dienste zur Handlungspraxis der Fachkräfte und mithin zu den „Lebenswelten der Adressat:innen“ (Klinger et al., 2022, S. 27) passten. In unserer Begleitung der psychosozial beratenden Fachkräfte konnten wir ähnliche Beobachtungen machen. Ein Austausch zwischen der operativen Ebene (in unserem Fall sind das die beratenden Fachkräfte) und der organisationalen Ebene sowie eine Mitsprachemöglichkeit über Bedarfe, die sich aus der Digitalisierung des Beratungsangebots ergaben, gingen mit einer chancenreichen Beurteilung des synchronen virtuellen Settings einher.

Infobox

> Die organisationale Rahmung legt die Bedingungen für die Möglichkeiten des Ausschöpfens des Handlungsrepertoires der Fachkräfte fest und beeinflusst somit die Qualität der Beratung.

Reflexionsfrage

> Woran erkennen Sie Ihre professionelle Handlungssicherheit?

3.3. Gesellschaftliche Bedingungen

Nach Professionalität und institutioneller bzw. organisationaler Rahmung sind nach Rita Braches-Chyrek (2017, S. 239) die gesellschaftlichen Bedingungen das dritte konstitutive Element für Beratung in der Sozialen Arbeit. An dieser Stelle soll für die Methode der synchronen virtuellen Beratung, die im Fokus dieses Buches steht, der Versuch unternommen werden, relevante konstituierende gesellschaftliche Bedingungen zu skizzieren. Zunächst lässt sich festhalten, dass die COVID-19-Pandemie gesellschaftliche Verhältnisse erzeugte, die einen maßgeblichen Einfluss auf Digitalisierungsprozesse in der Sozialen Arbeit hatten. Fragen nach der Erreichbarkeit von Adressat:innen Sozialer Arbeit stellten sich unter pandemischen Bedingungen noch einmal neu (Reischl, 2022). Aber auch abseits der speziellen Herausforderungen der COVID-19-Pandemie lassen sich gesellschaftliche Entwicklungen zeigen, die im Zusammenhang mit der Methode des synchronen virtuellen Beratens bedeutsam sind. Zu nennen wäre zunächst einmal die Erwartung von Dienstleistungsanbieter:innen und Organisationen, die in der Entwicklung und im Einsatz digitaler Services und Anwendungen ein enormes Wachstumspotenzial sehen (Evans & Hilbert, 2020, S. 81f.). Ökonomische Interessen drängen in die Arbeitswelten und beeinflussen die Arbeitsweisen – auch die der Sozialen Arbeit (Richter, 2021, S. 48f.). Ideen, neue Geschäftsbereiche effizient zu erschließen, müssen mit etablierten Standards professionellen Arbeitens in Übereinstimmung gebracht werden. Richter (2021, S. 51) spitzt diese Entwicklung auf die Frage zu, dass man eine Entscheidung zwischen „Qualität, Nachhaltigkeit und Rechtsstaatlichkeit“ oder aber „Kostenersparnis und Technologiegetriebenheit“ treffen müsse. Insofern ist es bedeutsam, dass Fachkräfte der Sozialen Arbeit mit Digitalisierungskompetenzen ausgestattet werden, etwa, indem spezielle Weiterbildungen in Anspruch genommen werden können. Die Möglichkeit, sich in dem Bereich zu qualifizieren, muss in den organisationalen Rahmen eingebettet sein, damit sich in Organisationen digitale Kompetenzen der Fachkräfte nachhaltig auf- und ausbauen lassen. Klinger et al. kommen in ihrer Studie zu einem ähnlichen Ergebnis, wenn sie feststellen, dass eine „digitalisierte Handlungspraxis“ der Sozialen Arbeit dann als „starke Belastung erlebt“ wurde, wenn die Digitalisierung vorwiegend dazu dient, „Ökonomisierungsbestrebungen umzusetzen“ (Klinger et al., 2022, S. 27). Digitale Anwendungen wurden in einem solchen Fall von den Fachkräften „weniger akzeptiert bzw. als Kontrollmöglichkeit“ (Klinger et al., 2022, S. 27) bewertet.

Neben den genannten Abwägungen müssen außerdem Möglichkeiten etabliert werden, wie digitale soziale Dienstleistungen dokumentiert und abgegolten werden. Für viele digitale Projekte ist die lokale Finanzierungslogik problematisch. Bei digitalen Angeboten kann nicht sichergestellt werden, dass nur Personen das Angebot in Anspruch nehmen, die in einem bestimmten Einzugsgebiet leben und damit einer bestimmten

Förderlogik, etwa der eines Landkreises, unterliegen. Für viele Projekte, die digitale Services und Dienstleistungen in einem Pilotstatus mit einer entsprechenden separaten Finanzierung testen, ist die Frage nach der Überführung in eine Regelfinanzierung ungeklärt. Die Etablierung von digitalen Beratungsangeboten trägt der Tendenz Rechnung, dass „Menschen vor allem jüngeren Alters“ (Tillmann, 2020, S. 91) immer häufiger über Internetanwendungen kommunizieren und miteinander verbunden sind. Wenn Soziale Arbeit in den Lebenswelten ihrer Adressat:innen präsent sein soll, dann können ihre Angebote den digitalen Raum nicht aussparen. Dabei müssen die Arbeitsweisen den veränderten Strukturen angepasst werden. Ein Beispiel für die digitale aufsuchende Soziale Arbeit ist digitale Streetwork, die bspw. in Bayern als Bestandteil des Bayerischen Aktionsplans Jugend gefördert wird (Digital Streetwork Bayern, 2023). Andere gesellschaftliche Phänomene, die im Zusammenhang mit der digitalen Transformation für die synchrone virtuelle Beratung relevant sind, beziehen sich auf die Problematik der digitalen Teilhabe, die wir bereits an anderer Stelle beleuchtet haben. Auch auf einer Makro-Betrachtungsebene kommen digitale Ungleichheitsphänomene wieder in den Blick. Bei der Konzeption von synchronen virtuellen Beratungsangeboten muss das Wissen um digitale Ausschlussrisiken miteinfließen, um nicht bei der Schaffung digitaler Angebote selbst Teilhabeeinschränkungen zu verursachen. Soziale Arbeit fördert „den sozialen Wandel entlang der Prinzipien der Menschrechte und sozialen Gerechtigkeit“ (Beranek et al., 2019, S. 227). Beranek et al. beziehen sich auf Silvia Staub-Bernasconi, indem sie Auswirkungen der Digitalisierung auf die Lebensbedingungen der Adressat:innen der Sozialen Arbeit analysieren. Sie nehmen Austausch-, Macht- und Werteprobleme sowie Ausstattungsprobleme in den Blick. Für ein synchrones virtuelles Beratungssetting sind aus unserer Sicht all diese Herausforderungen zu berücksichtigen. Macht- und Werteprobleme sind auf komplexe Weise mit gesellschaftlichen, organisationalen und professionellen Rahmenbedingungen verwoben. Sie müssen auf unterschiedlichen Ebenen reflektiert und transparent thematisiert werden. Unter Ausstattungsproblemen werden Herausforderungen verstanden, die sich auf vorhandene Handlungskompetenzen bzw. körperliche, ökonomische, symbolische Ausstattung sowie auf soziale Beziehungen beziehen. Diese Problembereiche sind bedeutsam für die Beratung in einem synchronen virtuellen Setting. Einerseits kann das spezielle Setting genutzt werden, um digitale Kompetenzen aufzubauen. Bspw. könnte der Umgang mit digitalisierten Datensammlungen erklärt werden. Andererseits können Ausstattungsprobleme aber auch verhindern, dass Adessat:innen von digitalen Angeboten profitieren. In veränderten Lebenswelten, in denen internetbezogene Kommunikation und Interaktion für immer mehr Menschen eine größere Rolle spielt, ist die Nutzung digitaler Services und Dienstleistungen zugleich eine Teilhabebedingung und eine Erweiterung ihres Möglichkeitsraums. Die Etablierung synchroner virtueller Beratungsangebote muss beide Facetten berücksichtigen. Gesellschaftliche Bedingungen werden von der organisationalen Ebene aufgenommen und fließen in die Klärung der Basisherausforderungen ein.

Infobox

Die Nutzung digitaler Services und Dienstleistungen stellt zugleich eine Teilhabebedingung und eine Erweiterung des Möglichkeitsraums dar.

Reflexionsfrage

Wie bewerten Sie den Einfluss gesellschaftlicher Bedingungen auf das Beratungssetting, in dem Ihre Beratungspraxis aktuell stattfindet?

4. Besonderheiten synchroner virtueller Kommunikation

Halten wir eingangs noch einmal die Besonderheit des synchronen virtuellen Settings fest: Es zeichnet sich dadurch aus, dass die in ein Beratungsgeschehen eingebundenen Personen sich zur selben Zeit nicht am selben Ort befinden. Eine Kommunikation unter solchen Umständen ist in der Regel nur über technische Hilfsmittel möglich. Außerdem geht eine solche Konstellation mit veränderten Informationskanälen, vor allem aber mit einer Reduktion zur Verfügung stehender Kanäle einher. Bspw. sind bei einer telefonischen Kommunikation keine visuellen Informationen abrufbar. Eine videogestützte Kommunikation ermöglicht zwar die Berücksichtigung visueller Anhaltspunkte, jedoch ist der sichtbare Bereich für die an der Kommunikation beteiligten Personen eingeschränkt. In einem Lifechat, der mittels Schrifteingabe stattfindet, fehlen audiovisuelle Reize. Diese Variationen von Kanalreduktionen beeinflussen unsere Kommunikation und die Art, wie Gespräche geführt werden.

Monique Janneck (2008) entwickelte ein Modell, das die Besonderheiten computervermittelter Kommunikation abbildet (Abb. 5). Es ist geeignet, die Besonderheiten synchroner virtueller Beratungssettings zu verdeutlichen, und soll daher im Anschluss ausführlich dargestellt werden.

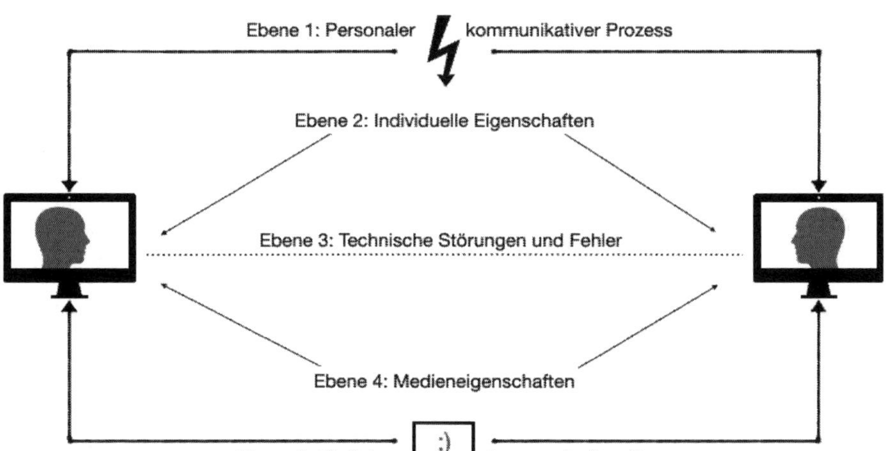

Abbildung 5: Modell der computervermittelten Kommunikation (Janneck, 2008, S. 60)

Das Modell von Janneck (2008) erlaubt die Analyse computervermittelter Kommunikation mittels eines Ansatzes, „der sich durch eine klare Unterscheidung der die Kommunikation beeinflussenden Variablen nach Eigenschaften und Verhalten der menschlichen Kommunikationspartner einerseits und den Systemeigenschaften und dem ‚Verhalten' der technischen Medien andererseits auszeichnet" (Janneck, 2008, S. 57). Es wird eine Unterscheidung von personalen und individuellen Eigenschaften auf den Ebenen eins und zwei getroffen. Auf den Ebenen drei bis fünf sind technische Eigenschaften der verwendeten Medien dargestellt.

Ebene 1: Unter personalen kommunikativen Eigenschaften versteht Janneck (2008) jene Einflüsse in einem interaktiven, kommunikativen Prozess, die bei jeder Kommunikation, unabhängig vom Einsatz eines Computers, ablaufen. Dazu gehören bspw. in einem Gespräch transportierte Sachinhalte oder implizite Appelle. In diese erste Ebene fallen sämtliche Herausforderungen zwischenmenschlicher Kommunikation samt Fallstricken und potenziellen Missverständnissen. Fachkräfte sind geschult, auf dieser Ebene selbstreflektiert und professionell zu kommunizieren.

Ebene 2: Die zweite Ebene der individuellen Eigenschaften und Erfahrungen umfasst hingegen jene kommunikativen Eigenarten, die einer Person speziell zuzuschreiben sind. Das sind bspw. Kreativität, Sorgfalt, Flexibilität oder die persönliche Art zu sprechen, wie Sprechtempo und Sprachmodulation. Der eigene Erfahrungshorizont mit (professionell) geführten Gesprächen kann ebenfalls der zweiten Ebene zugeordnet werden. Ein Wechsel der Kommunikation von *face to face* in den virtuellen Raum erfordert zusätzliche Kompetenzen der Kommunikationspartner:innen im Umgang mit technischen Medien. Die bisherigen Erfahrungen und die Kompetenz im Umgang mit dem gewählten Medium sind hier von Bedeutung. Janneck (2008, S. 61) benennt sog. „mentale Modelle" über das genützte Medium als einen wesentlichen Einflussfaktor individueller Kommunikation. Das bedeutet, dass die Vorstellung der Mediennutzenden darüber, wie die Kommunikationstechnik gestaltet ist, wie sie funktioniert und verwendet werden kann, die Anwendung beeinflusst. Bspw. kann eine Unsicherheit im Verwenden von videogestützter Kommunikationstechnik dazu führen, dass ein Gespräch auf die wesentlichsten Aspekte, die ausgetauscht werden müssen, beschränkt wird, weil man einfach froh ist, wenn man die Videokonferenz so bald wie möglich wieder verlassen kann. Solche individuellen Merkmale beeinflussen den personalen interaktionalen Kommunikationsprozess zusätzlich.

Infobox

> Personale und individuelle Eigenschaften beeinflussen jeden Kommunikationsprozess, unabhängig davon, ob es sich um ein Face-to-Face-Gespräch oder um ein virtuelles Setting handelt.

Ebene 3: Hier werden technische Störungen und Fehler zusammengefasst. Erinnern Sie sich an Ihre ersten Versuche, eine videogestützte Beratung durchzuführen? Fast möchte man meinen, das „Hallo, können Sie mich hören?" sei zur neuen Begrüßungsformel avanciert. Aber selbst bei Routine in der Verwendung bestimmter technischer Kommunikationsmittel sind Unsicherheiten und Störungen nicht auszuschließen und müssen in irgendeiner Form in den Gesprächsverlauf integriert werden. Ausgefallene Kameras oder Mikrofone, eingefrorene Bilder, Verzerrungen zwischen Bild und Ton oder instabile Internetverbindungen sind hier nur eine kleine Auswahl an technischen Herausforderungen. In psychosozialen Beratungssituationen ist ein unvermittelter Abbruch des Gesprächs aufgrund technischer Störungen besonders ungünstig, da die Bearbeitung von Problemen zwischen Klient:innen und Fachkräften unterbrochen wird. Ein solch ungeplanter Gesprächsabriss verunsichert alle Gesprächsteilnehmenden und erfordert ein erneutes Herstellen der Gesprächssituation. Da technische Ausfälle in der Regel nicht gänzlich ausgeschlossen werden können, empfiehlt es sich, Vorkehrungen für eine mögliche Unterbrechung zu treffen. Die Fachkraft sollte zu Beginn des Gespräches mit der zu beratenden Person eine Übereinkunft treffen, wie bei technischen Störungen verfahren wird. Wie diese Übereinkunft in den synchronen virtuellen Beratungsverlauf eingebaut werden kann, stellen wir im zweiten Teil des Buches im Digiberth-Training detailliert vor.

Infobox

> Die Fachkraft führt durch das Gespräch. Dazu gehört, eine Vereinbarung mit der zu beratenden Person zu treffen, wie bei technischen Störungen reagiert wird.

Oft unterscheiden sich die zur Verfügung stehenden bzw. verwendeten technischen Geräte der kommunizierenden Personen. Während die Fachkraft möglicherweise über einen Computer mit Videokamera kommuniziert, hat die zu beratende Person eventuell lediglich ein Handy zur Verfügung. Bei der Planung des Beratungsgespräches ist sicherzustellen, dass alle Beteiligten sämtliche geplanten Gesprächsinhalte technisch verfolgen können bzw. dass die Fachkraft unterstützende Anweisungen geben kann.

Infobox

> Die Fachkraft klärt als gesprächsführende Person vorab die technischen Möglichkeiten der zu beratenden Person ab.

Ebene 4: Zur Ebene der technischen Merkmale der verwendeten Endgeräte kommen spezielle Eigenschaften der eingesetzten Medien, die es beispielsweise nicht erlauben, den gesamten Körper des Gegenübers zu sehen. Bei videogestützter Kommunikation ist außerdem kein Blickkontakt möglich. Schaut eine Person in die Augen des Gegenübers auf dem Monitor, wirkt dies auf die andere Person so, als ob auf den Monitor geblickt wird. Richtet sich der Blick dagegen in die Kamera, so hat das Gegenüber den Eindruck, angesehen zu werden. Die Wirkung des Angesehen-Werdens kann jedoch nur mit einem Blick auf den Monitor überprüft werden, wobei der Blick wieder von der Kamera weggeht. Es hat sich bewährt, als gesprächsführende Person den Blick abwechselnd in die Kamera und auf den Monitor zu richten, um dem Gegenüber den Eindruck zu vermitteln, angesehen zu werden. Dennoch können die am Gespräch beteiligten Personen bei videogestützter Kommunikation visuelle Informationen nur in einem begrenzten Umfang nutzen, um bspw. Unstimmigkeiten zwischen Gesagtem und wahrgenommener Mimik oder Gestik anzusprechen und Missverständnisse zu vermeiden bzw. zeitnah aufzuklären. Andere Informationskanäle, die den Gesprächsteilnehmenden in einem Face-to-Face-Setting zur Verfügung stehen, fallen nach derzeitigen technischen Möglichkeiten von vornherein weg: Es kann nicht auf olfaktorische, haptische oder kinästhetische Informationskanäle zugegriffen werden. Diese Informationskanäle können den an der Beratung beteiligten Personen in einem Face-to-Face-Setting jedoch wichtige Eindrücke vermitteln und thematisiert werden. In virtuellen Settings stehen nur begrenzte Informationskanäle zur Verfügung, weshalb ihnen auch eine „Verarmung der Kommunikation" (Janneck, 2008, S. 58) zugeschrieben wird. Dadurch kann es zu einem Verlust von Emotionalität und Authentizität in der Interaktion kommen. Je nach verwendeter Technik stehen unterschiedliche Informationskanäle zur Verfügung: visuell, audiovisuell oder auditiv. Es ist jedoch immer von Einschränkungen hinsichtlich ausgetauschter Kommunikationsanteile auszugehen, wenn zwei Personen zur selben Zeit, aber nicht am selben Ort miteinander kommunizieren. Insofern stellt ein synchrones virtuelles Setting im Vergleich zu einem Face-to-Face-Gespräch immer eine Kanalreduktion dar.

Infobox

> Die Fachkraft informiert die zu beratende Person über mögliche einzusetzende Medien und deren Informationskanäle. Sie einigt sich mit der zu beratenden Person auf ein passendes Medium.

Ebene 5: Die fünfte Ebene des Modells computervermittelter Kommunikation nach Janneck (2008) umfasst softwarebedingte Eigenschaften, die in den Kommunikationsprozess eingreifen. Dazu gehört bspw. das automatische Formatieren eines Smilies, wenn ein Doppelpunkt und eine Klammer auf der Tastatur getippt werden. Bislang spielen solche Features in der synchronen virtuellen Beratung nur am Rande eine Rolle, in Anbetracht der Entwicklung neuer digitaler Services und Dienstleistungen ist aber davon auszugehen, dass automatisierte Ausführungen zukünftig stärker in Kommunikationsprozessen sichtbar werden und deren Einfluss auf den Verlauf eines Gesprächs zunimmt.

Reflexionsfrage

> Welche automatisierten Eingriffe von Kommunikationstechnik haben Sie selbst bereits erlebt? Wie hat dies Ihr Gesprächsverhalten beeinflusst?

Treten im synchronen virtuellen Setting in der Interaktion der Personen Missverständnisse auf, so können diese nur durch eine vermittelnde Art der Kommunikation geklärt werden. Das bedeutet, dass es nicht möglich ist, ein personales Problem (Ebene 1) auf technischer Ebene, bspw. durch den Wechsel auf ein anderes Medium (Ebene 4), zu lösen. Eine technische Störung (Ebene 3) ist nicht zu lösen, wenn von der anderen Gesprächsperson erwartet wird, eine individuelle Eigenschaft zu ändern (Ebene 2), wie bspw. die Flexibilität zu erhöhen, damit die Technik wieder funktioniert. Die Fachkraft steht demnach vor der Herausforderung, zunächst die Ebene(n) der Störung oder des Missverständnisses zu identifizieren, um anschließend kommunikativ-vermittelnd eine Klärung der gestörten Gesprächsebene herbeizuführen. Hier findet eine Rollenerweiterung bei den Fachkräften statt. Sie müssen neben der professionellen, beratenden Rolle zusätzlich eine moderierende Rolle einnehmen, um im synchronen virtuellen Setting durch ein Gespräch zu führen. Im zweiten Teil des Buches gehen wir bei der Vorstellung des Digiberth-Trainings noch einmal speziell auf diese Rollenerweiterung ein.

Infobox

> In synchronen virtuellen Settings kommt es für Fachkräfte zu einer Rollenerweiterung: Sie sind neben der beratenden zusätzlich in einer moderierenden Rolle.

5. Schritte zur psychosozialen Beratung im synchronen virtuellen Setting

In diesem Kapitel wird in fünf Schritten erklärt, wie ein synchrones virtuelles Setting hergestellt und für professionelle psychosoziale Beratungen genutzt werden kann. Dazu greifen wir immer wieder auf ein Fallbeispiel zurück, das wir zunächst vorstellen.

Fallbeispiel: Lu

Wie der Beratungsbedarf erkennbar wird:
Lu ruft in einer Familienberatungsstelle an und bittet um einen Rückruf. Die Telefonnummer hat Lu auf der Website der Einrichtung gefunden. Zusätzlich kann Lu einige Informationen über das Unterstützungsangebot nachlesen. Lu erfährt, dass die Beratungsstelle neuerdings ein Blended-counselling-Format der Beratung anbietet. Als Lu von der Beratungsstelle zurückgerufen wird, sagt Lu, eine Krise zu haben und einen Beratungstermin zu brauchen. Auf die Frage, was das Thema der Beratung sei, meint Lu, dass alles schwer sei und der Bedarf bestehe, in Ruhe reden zu können.

Wie Lu die Situation schildert:
„Ich stecke seit Längerem in einer Krise. Nun bin ich schon 35 Jahre alt und komme da nicht mehr heraus. Schon als Kind war es immer ein Auf und Ab. Als Kind haben wir auf dem Land gelebt. Das war sehr schwer mit dem Vater, der geprügelt hat, und mit der Mutter, die nie etwas dazu gesagt hat, sehr. Mit fünf Jahren bin ich dann doch von dort weggekommen und zu Pflegeeltern in die Stadt gezogen. Da war es dann besser. Die neuen Eltern und die Stadt waren schon gut. Ich habe mich aber mit den Pflegegeschwistern zerstritten und bin mit 17 Jahren ausgezogen. Da war es dann schwierig in der Stadt und ich bin später wieder aufs Land gezogen. Meine Partnerin findet, dass ich sehr idyllisch wohne. Trotzdem will sie nicht zu mir und meinen Kindern ziehen. Überhaupt denke ich, dass wir uns auseinandergelebt haben. Ich finde das Landleben auch idyllisch, aber es ist auch beschwerlich. Für Kinder ist das nur gut, wenn sie klein sind. Die große Tochter ist ja schon ausgezogen, aber der Kleine lebt noch bei mir. Mit dem zweiten Elternteil meiner Kinder ist es auch mühsam, da der Kleine nicht gerne auf Besuch geht und lieber bei mir bleibt. Mit dem Unterhalt ist es sowieso immer schwierig. Da ist nie pünktlich Geld auf dem Konto. Das Landleben ist eigentlich doch sehr schwierig. Ich habe zwar einen Führerschein, aber ein Auto kann ich mir nicht leisten. Die Mietwohnung ist mit zwei Zimmern zu klein, um gut dort wohnen zu können. Außerdem kann ich mir die Miete bald nicht

mehr leisten. Wenn ich die Wohnung verlieren würde, wäre das schrecklich. Dann würden sie mir den Kleinen sicher wegnehmen. Mit den Schulden, die ich jetzt schon habe, würde ich wahrscheinlich auf der Straße landen. Jetzt verdiene ich ja nichts. Das Geld vom Arbeitsamt reicht nur ganz knapp bis zum Monatsende. Meistens leihe ich mir dann noch von meiner Partnerin etwas aus, damit ich den Kleinen bis zum Monatsende versorgen kann. Ich habe viele Alpträume, Kopfschmerzen, esse nicht regelmäßig, schlafe schlecht und dadurch bin ich dann am Morgen müde. Oft verschlafe ich und der Kleine kommt zu spät in den Kindergarten. Dann habe ich dort wieder Ärger mit der Kindergärtnerin."

Was über die sozialen Beziehungen von Lu zu sagen ist:

Lu hat 6 Monate lang überlegt, in der Beratungsstelle anzurufen. Die Stimme der Beraterin am Anrufbeantworter fand Lu sympathisch und traute sich daher, auf die Mailbox zu sprechen. Der Anlass für die Kontaktaufnahme war letztlich ein Streit mit der Partnerin, die geborgtes Geld zurückverlangt hatte.

Lu lässt sich schnell auf partnerschaftliche Beziehungen ein, wobei es meist nach ein bis zwei Monaten wieder zu einer Trennung kommt. Manchmal wird die Beziehung bereits eine Woche nach einer Trennung wieder aufgenommen oder Lu geht eine partnerschaftliche Beziehung mit einer anderen Person ein. Es werden ausschließlich Fernbeziehungen gelebt. Lu geht ansonsten Personen aus dem Weg, da Lu meint, dass niemandem zu trauen wäre. Der Sohn (5 Jahre alt) darf daher auch niemanden zum Spielen mit nach Hause nehmen. Lu hat eine 19-jährige Tochter, die bereits in einem eigenen Haushalt lebt. Zur Tochter gibt es vorrangig telefonischen Kontakt zu feierlichen Anlässen, wie Weihnachten oder Geburtstage. Meist ruft dann die Tochter bei Lu an.

Materielle Situation:

Lu bezieht Arbeitslosengeld, Kindesunterhalt und Familienbeihilfe. Lu hat für einen Kredit für eine Ex-Partnerin gebürgt und muss noch zwei Jahre lang 120 € pro Monat abzahlen. Lu ist arbeitssuchend und wartet auf eine Kursmaßnahme des Arbeitsmarktservice. Lu hat eine Lehre als Einzelhandelskaufkraft abgeschlossen, aber nur drei Monate in diesem Beruf gearbeitet. Lu hatte zuletzt vor 8 Jahren eine feste Anstellung als Lagerhilfskraft in einer Lebensmittelkette. Diesen Job habe Lu aber nach ca. einem Jahr wieder gekündigt, weil die Tätigkeit körperlich nicht zu schaffen gewesen sei. Danach habe es immer wieder befristete Beschäftigungen als Hilfskraft in Küchen von Gasthäusern in der Umgebung gegeben. Seit 2,5 Jahren sei Lu jetzt durchgängig arbeitslos.

Rechtliche Situation:
Lu ist ledig und hat die Obsorge für den Sohn. Die bereits erwachsene Tochter wurde während der Schulzeit von der Großmutter mütterlicherseits mitbetreut. Lu schafft die Kinderbetreuung nur mit Mühe. Lu hat Angst, dass der Sohn fremduntergebracht werden könnte, was Lu trotz aller Anstrengung in der Alltagsbewältigung als alleinerziehende Person nicht möchte.

Wohnsituation:
Lu lebt mit dem Sohn in einer 2-Zimmer-Wohnung in einer ländlichen Gegend. Der Sohn hat sein Bett in einem kleinen Zimmer. Lu schläft auf einem Sofa im Wohnzimmer. Die Wohnung kann von Lu nur schwer sauber gehalten werden, es gibt wenig Stauraum. Geld für neue Möbel ist nicht vorhanden.

Alltag:
Lu versucht, morgens den Sohn zu versorgen und in den Kindergarten zu bringen. Der Kindergarten ist relativ weit weg und kann zu Fuß in 30 min erreicht werden. Lu fährt die Strecke daher meist mit dem Fahrrad. Wenn Lu den Sohn in den Kindergarten gebracht hat, erledigt Lu behördliche Termine, Arztbesuche und kümmert sich um den Haushalt. Mittags holt Lu den Sohn wieder vom Kindergarten ab. Meist gehen sie ohne Umwege direkt nach Hause. Es sei für Lu eine Erleichterung, dass der Sohn am liebsten Nudeln mit Butter esse. Das sei nicht so aufwendig zu kochen. Da der Spielplatz im Ort zu Fuß erreichbar ist, geht Lu mit dem Fünfjährigen meist am Nachmittag für ein bis zwei Stunden auf den Spielplatz. Der Sohn klettert gerne und hat eine große Ausdauer beim Schaukeln. An Wochenenden ist der Tagesablauf ähnlich wie an den Nachmittagen unter der Woche. Abends essen sie gemeinsam Brot, schauen Kindersendungen und der Fünfjährige wird von Lu bettfertig gemacht. Meist ist Lu dann auch erschöpft vom Tag und legt sich zeitgleich mit dem Sohn ins Bett.

Soziale Unterstützung:
Lu hat eine Partnerin, die in einem anderen Haushalt lebt. Aktuell steht die Frage einer Trennung im Raum. Zurzeit besteht kein Kontakt zu den biologischen Eltern von Lu. Die Großmutter mütterlicherseits besucht Lu ca. alle sechs Wochen. Diese Großmutter hat auch viel Kontakt zur Tochter von Lu. Mit der Großmutter treffen sich Lu und der Sohn aber auch gelegentlich auf dem Spielplatz im Ort. Lu fühlt sich von Nachbarn gestört. Sie seien zu laut, zu dreckig und zu unhöflich. Die Kindergärtnerin und Mitarbeiter:innen von Ämtern fürchtet Lu und vermeidet möglichst alle persönlichen Kontakte. Wenn Lu Briefe von Ämtern oder Behörden

erhält, fühlt Lu sich sofort belastet und gestresst, noch bevor die Post geöffnet ist. Lu geht grundsätzlich davon aus, dass behördliche Forderungen nur mit großer Anstrengung erfüllt werden können.

Interessen und Freizeit:
Lu mag die Wiesen und Wälder rings um den Wohnort. Lu geht aber nicht oft spazieren und bleibt lieber in der Wohnung. Lu spielt gern ein bestimmtes Spiel am Handy und schaut gern fern.

Gesundheitsempfinden:
Lu hat Symptome, die große Einschränkungen im Alltag zur Folge haben. Lu hat einen sehr leichten Schlaf, der häufig von langen Wachphasen unterbrochen wird. Beängstigende Träume lassen Lu oft schweißgebadet aufwachen. Lu kommt morgens nur schwer aus dem Bett. Es sind grundsätzlich zwei Wecker gestellt. So fühlt sich Lu sicherer, nicht zu verschlafen. Dennoch schafft Lu es oft nicht, pünktlich außer Haus zu kommen, und der Sohn kommt immer wieder zu spät in den Kindergarten. Der Fünfjährige steht normalerweise um 6 Uhr auf und legt sich dann noch einmal zu Lu ins Bett. Lu fühlt sich oftmals wie betäubt und emotional abgestumpft. Gleichzeitig besteht ein Gefühl von hoher Angespanntheit. Lu betont, sich zu beherrschen, um in Gegenwart des Sohnes nicht laut zu schreien. Lu ist übermäßig schreckhaft. In Phasen, wo Lu einen besonders hohen Anspannungsgrad hat, konsumiert Lu Alkohol, weil dies zumindest kurzfristig etwas entspanne. Lu achte jedoch streng darauf, nicht vor 17 Uhr Alkohol zu trinken. Meist reiche auch ein kräftiger Schluck Schnaps, wenn die innere Anspannung zu groß geworden sei. Es gebe aktuell keine medizinischen oder psychologischen Diagnosen. Lu rauche mehr als ein Päckchen Zigaretten am Tag. Über die beschriebene Anspannung oder andere gesundheitliche Beschwerden hat Lu bislang noch mit niemandem gesprochen. Wenn die Partnerin frage, wie es Lu gehe, dann antworte Lu meistens: „Normal."

Nach der Vorstellung des Fallbeispiels wenden wir uns in fünf Schritten der Umsetzung einer synchronen virtuellen Beratung zu. Die fünf Schritte im Überblick:

1. Eine Beratung wird gebraucht.
2. Eine Beratung wird geplant.
3. Eine Beratung wird vorbereitet.
4. Eine Beratung wird durchgeführt.
5. Eine Beratung wird nachbereitet.

5.1. Schritt 1: Eine Beratung wird gebraucht.

Seitens der Beratung anbietenden Stelle müssen einerseits Möglichkeiten geschaffen werden, dass Klient:innen überhaupt einen Beratungsbedarf äußern können. Der Beratungsbedarf muss in Folge von den Fachkräften erkannt werden. Dieser möglicherweise etwas kompliziert klingende Vorgang bedeutet letztlich nichts anderes, als dass Klient:innen und Fachkräfte für die Vereinbarung einer Beratung zunächst in Kontakt kommen müssen. Dabei sind für synchrone virtuelle Settings bereits ganz unterschiedliche Formate etabliert. Das Angebot reicht hier von aufsuchenden Strukturen (digitale Streetwork) über eine virtuelle synchrone Kontaktaufnahme seitens der Klient:innen (ähnlich einer Komm-Struktur) bis hin zu asynchronen Formaten, wie bspw. der schriftlichen Anfrage nach einem Beratungstermin. Unter Komm-Strukturen werden Angebote verstanden, wo Klient:innen selbstständig eine Unterstützungsstelle aufsuchen können. Dies ist im Face-to-Face-Setting bspw. im Rahmen von festgesetzten Öffnungszeiten der Einrichtung sowohl mit als auch ohne Terminvereinbarung möglich. Im virtuellen Setting kann bspw. über einen bestimmten Zeitraum ein Chat geöffnet werden. Die Zeiten, wo ein Life-Chat möglich ist, müssen für Beratung suchende Personen ersichtlich sein. Der Chat wird in der angegebenen Zeit von einer beratenden Person bedient, die mit den um Unterstützung anfragenden Personen kommuniziert. Für das Beispiel einer Kontaktaufnahme per Chat müssen neben den „Betriebszeiten" des Chats zusätzliche Umsetzungsdetails mitbedacht werden, bspw. die Kontrolle, ob die Chatbeiträge den Leitlinien der Beratungsstelle entsprechen. Ein Umgang mit nicht entsprechenden Beiträgen muss bereits definiert sein und umgesetzt werden. Die Kontrollfunktion neben der Beratungstätigkeit erfordert zusätzliche zeitliche und personelle Ressourcen. Das Beispiel zeigt, dass bereits für den Schritt des Erkennens eines Beratungsbedarfs und eine erste Kontaktaufnahme einige konzeptuelle Überlegungen auf organisationaler Ebene erfolgen müssen. Für Einrichtungen, die synchron virtuell arbeiten möchten, sollte für den Schritt „Eine Beratung wird gebraucht" ebenfalls bereits konzeptuell feststehen, welche Funktion der Art der Kontaktaufnahme zukommt. Eng verknüpft mit der Entscheidung, welcher Art das virtuelle Beratungsangebot sein soll, ist die Frage nach der Einhaltung bzw. Klärung datenschutzrechtlicher

Bestimmungen. Je nach Funktion der digitalisierten Kontaktaufnahme bzw. Bekanntgabe eines Beratungsanliegens müssen verwendete Techniken unterschiedliche Aspekte des Datenschutzes erfüllen. Es macht einen entscheidenden Unterschied, ob persönliche Daten von Unterstützung suchenden Personen von einer Fachkraft der Beratungsstelle persönlich entgegengenommen werden oder ob diese Daten selbstständig übermittelt und dann von der Einrichtung gespeichert werden. Ein synchrones virtuelles Beratungsangebot muss bereits im ersten Schritt datenschutzkonform konzipiert werden.

Diese Schlüsselfragen können helfen, das Angebot konzeptuell zu rahmen:

- Handelt es sich tatsächlich nur um eine Kontaktaufnahme: Wie erfolgt die Aufnahme von Daten, um anschließend ein Beratungsgespräch vor Ort in der Beratungsstelle in einem Face-to-Face-Format zu vereinbaren?
- Wenn ein *Blended-counselling*-Format angeboten werden soll: Wann und unter welchen Umständen findet der Wechsel der Settings von synchron virtuell zu *face to face* oder umgekehrt statt?
- Handelt es sich um ein ausschließliches Beraten im synchronen virtuellen Setting: Wie werden Beginn und Ende einer Beratung konzeptuell definiert? Wie werden (Zugangs-)Daten datenschutzkonform und adressat:innenbezogen übermittelt? Wie werden die synchronen virtuellen Beratungseinheiten finanziert? Wie werden die synchronen virtuellen Beratungseinheiten dokumentiert?

Reflexionsfrage

Wie werden Beratungsbedarfe in Ihrer aktuellen Beratungspraxis erkannt? Wie findet die erste Kontaktaufnahme zwischen potenziellen Klient:innen und der Fachkraft statt?

Da es sich beim synchronen virtuellen Setting um eine Form der Kommunikation handelt, wo die gesprächsbeteiligten Personen sich zur selben Zeit nicht am selben Ort befinden, müssen übliche Daten, wie Tag, an dem die Beratung stattfinden soll, und Uhrzeit, vereinbart werden. Der Frage nach der grundsätzlichen Fähigkeit und Bereitschaft zur Kommunikation in einem synchronen virtuellen Setting sollte bereits in diesem ersten Schritt nachgegangen werden. Zusätzlich ist die Klärung der Frage nötig, ob alle gesprächsbeteiligten Personen über eine angemessene technische Ausstattung verfügen bzw. über welche Medien oder Services konkret kommuniziert werden soll. Hier wäre auch festzuhalten, ob Personen nur auditiv kommunizieren möchten, ob eine audiovisuelle Kommunikation möglich ist oder ob nur per Schrifteingabe kommuniziert werden soll. Das bedeutet für die Vereinbarung eines Beratungstermins die zusätzliche Berücksichtigung der geplanten Durchführungsart. Organisationen, die synchrone virtuelle Beratung anbieten, sind daher in die Lage versetzt, bereits bei den Möglichkeiten der Äußerung und beim Erkennen eines Beratungsbedarfs zu bedenken, wie die Vereinbarungen über die Art der Durchführung der Beratung konzeptuell eingebettet werden können.

Infobox

Das Äußern und das Erkennen des Beratungsbedarfs sowie die Vereinbarung eines synchronen virtuellen Beratungstermins müssen konzeptuell in Beratungsangebote eingebettet sein.

Beispiel „Lu" – Eine Beratung wird gebraucht.

Lu meldet sich telefonisch in einer Familienberatungsstelle. Der Anruf wird auf einem Anrufbeantworter gespeichert und Lu wird von der Beratungsstelle zurückgerufen. Für eine solche Art der Kontaktaufnahme muss die Telefonnummer der Beratungsstelle für Adressat:innen zugänglich sein. Zusätzlich sollten Informationen über das Beratungsangebot verfügbar sein, sodass auch Personen, die noch nie Kontakt zu dieser Stelle hatten, verstehen, mit welcher Unterstützung sie dort rechnen können. Diese Art der Kontaktaufnahme erfordert demnach Transparenz seitens der Beratungseinrichtung über Kontaktmöglichkeiten und Angebot. Seitens der potenziellen Klient:innen ist ein aktives, eigeninitiatives Vorgehen erforderlich. Das Anliegen muss zunächst bei der Beratungsstelle deponiert und es muss auf einen Rückruf gewartet werden. Das stellt für manche Personen unter Umständen eine Herausforderung dar, besonders wenn sie unsicher sind, ob die ausgesuchte Bera-

tungsstelle für ihr Anliegen passend ist. Das Aufzeichnen des Anrufs und das Warten auf einen Rückruf bedeutet, dass Klient:innen zunächst keine persönliche Resonanz auf das Vorbringen ihres Anliegens erfahren. Sie müssen mit einer Wartezeit umgehen. Hilfreich scheint uns hier, wenn die Beratungsstelle nicht nur die Art der Kontaktaufnahme und das grundsätzliche Unterstützungsangebot transparent darstellt, sondern wenn auch angegeben wird, innerhalb welcher Zeit Personen von der Beratungsstelle zurückgerufen werden. Die Familienberatungsstelle in unserem Beispiel bietet Beratungen im Blended-counselling-Format an. Das heißt, in der Konzeption des Beratungsangebots sind Beratungen face to face vor Ort in der Beratungsstelle und synchron virtuell möglich.

Als Lu von der Beratungsstelle zurückgerufen wird, wird vereinbart, dass der nächste Beratungstermin synchron virtuell stattfinden soll. Dazu werden Tag und Uhrzeit vereinbart. Die Beraterin erfragt, ob Lu zu Hause über eine geeignete Internetanbindung verfügt. Lu bejaht dies. Anschließend wird von der Beraterin geklärt, ob Lu audiovisuell kommunizieren möchte, das heißt, ob eine videogestützte Technik zum Einsatz kommen kann. Lu signalisiert hierzu ein Einverständnis, äußert aber, sehr unerfahren im Umgang mit derartiger Kommunikationstechnik zu sein. Die Beraterin nimmt die E-Mail-Adresse von Lu auf und kündigt zu einem festen Termin das Zusenden detaillierter Informationen zum nächsten synchronen virtuellen Beratungstermin an. Diese Informationen enthalten:

- *Tag und Uhrzeit der Beratung,*
- *voraussichtliche Dauer der Beratung,*
- *benötigte technische und räumliche Ausstattung (bspw. Computer mit Kamera und Mikrofon; ruhiger Raum mit stabiler Internetverbindung),*
- *den Namen der verwendeten videogestützten Technik und den Zugang dazu sowie*
- *zusätzliche für die Beratung benötigte Unterlagen oder Gegenstände, die bereit gehalten werden sollten (bspw. Bescheide, Ausweisdokumente, Handy, Stift und Papier).*

Ist die erste Kontaktaufnahme zwischen Fachkraft und Unterstützung suchender Person erfolgreich verlaufen, so wurde im ersten Schritt ein Beratungstermin festgesetzt und die Art der Durchführung bestimmt. Fachkraft und die zu beratende Person sind darüber informiert, wann, wo und wie das nächste Gespräch stattfinden wird.

Checkliste (✍ C 1) zu Schritt 1: Eine Beratung wird gebraucht.

- Die Funktion der Kontaktaufnahme ist klar:
  - Es handelt sich um eine Aufnahme der Kontaktdaten für eine Face-to-Face-Beratung.
  - Ein *Blended-counselling*-Format wird angeboten: Es steht fest, ob das erste Gespräch synchron virtuell oder *face to face* stattfinden wird.
  - Die Beratung wird synchron virtuell stattfinden.
- Die Art der Kommunikation ist klar:
  - Es handelt sich um synchrone virtuelle Kommunikation ausschließlich per Schrifteingabe (z. B. Chat).
  - Es handelt sich um synchrone virtuelle Kommunikation ausschließlich über Audiokanäle (z. B. Telefonat).
  - Es handelt sich um synchrone virtuelle Kommunikation ausschließlich über audiovisuelle Kanäle (z. B. Videokonferenz).
- Alle für das Beratungsgespräch notwendigen Daten wurden übermittelt:
  - Es steht fest, wer die Informationsübermittlung seitens der Beratungsstelle durchführt.
  - Es ist festgelegt, wann die Informationsübermittlung stattfindet.
  - Es ist vereinbart, wie die Informationen übermittelt werden.
  - Es ist geklärt, welche Informationen übermittelt werden:
    - Datum
    - Uhrzeit
    - Geplante Dauer des Beratungsgesprächs
    - Technische Umsetzung (Welche App? Welche Software? Welcher Dienst kommt zum Einsatz?)
    - Art der Kommunikation (auditiv, visuell, audiovisuell)
    - Benötigte technische Ausstattung
    - Benötigte räumliche Ausstattung
    - Für die Beratung zusätzlich benötigte Gegenstände oder Unterlagen (analoge und digitale Dokumente, Papier, Stift)
    - Informationen zum Datenschutz

5.2. Schritt 2: Eine Beratung wird geplant.

Das Ausmaß der Planungsvorbereitung einer synchronen virtuellen Beratung hängt vom konzeptionellen Angebot der Einrichtung ab. Folgende Szenarien sind in der Praxis psychosozialer Beratungen bereits üblich:

a) Die Terminvereinbarung für eine synchrone virtuelle Beratung ist bereits im Vorfeld (bspw. telefonisch oder per E-Mail) erfolgt. Alle gesprächsbeteiligten Personen sind über den Beratungstermin und die Kommunikationsform informiert.
b) Die Beratungseinrichtung verfügt über eine Online-Komm-Struktur. Zu definierten Zeiten ist eine Fachkraft bspw. über einen Chat erreichbar. Unterstützung suchende Personen können synchron virtuell den Kontakt zur Beratungsstelle aufnehmen, erste Fragen stellen, Informationen einholen und Vereinbarungen treffen. Die Kontaktaufnahme und die Planung weiterer Beratungstermine erfolgen synchron virtuell.
c) Adressat:innen werden virtuell aufsuchend erreicht. Fachkräfte bewegen sich dafür in Online-Strukturen ihrer Adressat:innen. Sie zeigen transparent ihre Rolle und das Angebot, das sie repräsentieren. Diese Unterstützungsform wird unter Begriffen wie digitale Streetwork oder Online-Streetwork gefasst. Vergleichbar mit der aufsuchenden Arbeit in realen Räumen werden beim virtuellen aufsuchenden Arbeiten Personen angesprochen, Unterstützungspotenziale transparent gemacht und gegebenenfalls Gesprächstermine vereinbart.

Bei allen Szenarien sind für die Planung synchroner virtueller Beratungsgespräche die organisationalen Rahmenbedingungen entscheidend dafür, welche Vorbereitungen für die Durchführung getroffen werden müssen. Manche Einrichtungen verfügen mittlerweile über eigens für synchrones virtuelles Arbeiten eingerichtete Räume in der Beratungsstelle. Es handelt sich hier um Beratungsräume, die über eine angemessene technische Ausstattung verfügen und ausschließlich für solche Beratungsgespräche genutzt werden. Sind solche Räume in der Einrichtung vorhanden, wird ein Reservierungssystem erforderlich, wo Fachkräfte diese Räume für ihre Beratungsgespräche buchen können. In der Begleitung psychosozial beratender Fachkräfte im Zeitraum von Dezember 2020 bis November 2022 konnten wir feststellen, dass viele Beratungseinrichtungen in dieser Zeitspanne ihre Fachkräfte technisch neu ausstatteten. So wurden Laptops und Diensthandys angeschafft, sodass die technische Ausstattung für das synchrone virtuelle Arbeiten aus dem Homeoffice optimiert wurde. Dagegen blieben viele Arbeitsplätze in den Beratungsstellen auf Face-to-Face-Begegnungen ausgelegt. Stand-PCs in den Einrichtungen verfügten nicht regelhaft über eine Kamera, sodass Fachkräfte den mit einer Kamera ausgestatteten Dienst-Laptop aus dem Homeoffice in die Beratungsstelle mitnehmen mussten. Arbeitsplätze sind aktuell vielerorts knapp, d. h., unter den Fachkräften müssen Vereinbarungen getroffen werden, wer wann in der Beratungsstelle arbeitet und wer im Homeoffice bleibt. Diese reaktiven organisationalen Strukturen erschweren ein synchrones virtuelles Arbeiten und lassen es in einem Improvisationsmodus verbleiben. Einrichtungen, die einen separaten Raum für synchrones virtuelles Arbeiten bereitstellten, implementierten solche Beratungsformen auch konzeptuell in ihr Beratungsangebot. Fachkräfte solcher Einrichtungen signalisierten ein deutlich positiveres Erleben und eine höhere Qualität der Beratung im synchronen virtuellen Setting. Neben der Nutzung des Raumes, von dem aus das synchrone virtuelle Beratungsgespräch seitens der Fachkraft geführt werden soll, muss das Übermitteln der notwendigen Informationen für den Beratungstermin an die zu beratende Person geplant werden. Wie aus dem Beispiel in Schritt 1 bereits ersichtlich wurde, muss die Unterstützung suchende Person darüber in Kenntnis gesetzt werden, wie lang das Gespräch dauern wird, über welche Medien bzw. digitalen Services kommuniziert werden soll, welcher Art die Kommunikation sein wird, welche technischen und räumlichen Ausstattungen notwendig sind und welche Unterlagen bzw. Gegenstände sie zum vereinbarten Termin bereithalten soll. Beratungsstellen sollten die Zuständigkeit für die Übermittlung und deren Zeitpunkt sowie den Umfang der übermittelten Informationen in ihre organisationalen Abläufe implementieren. So kann gewährleistet werden, dass synchrones virtuelles Arbeiten nicht vom Engagement einzelner Personen abhängig ist, sondern konzeptuell in das Angebot der Beratungsstelle eingewoben wird.

Infobox

> Je nach organisationalen Rahmenbedingungen sind für Fachkräfte unterschiedliche Planungsschritte für die Durchführung eines synchron virtuell geführten Beratungsgesprächs erforderlich. Neben der Klärung der technischen Umsetzung sind zumindest die Fragen nach der Übermittlung der für die Klient:innen notwendigen Informationen und nach dem Raum der Durchführung in diesem Schritt zu planen.

Beispiel „Lu" – Eine Beratung wird geplant.

Die Familienberatungsstelle verfügt über einen Raum, der dafür konzipiert wurde, synchrone virtuelle Beratungen durchzuführen. Er ist mit einer stabilen Internetanbindung, einem PC mit Kamera, Lautsprecher und Mikrofon sowie einer geeigneten Raumbeleuchtung ausgestattet. Im Konzept der Beratungsstelle ist berücksichtigt, wie viele Fachkräfte gleichzeitig online arbeiten. Die Geschwindigkeit der Internetverbindung wurde daraufhin mit einem entsprechenden Nutzungsvertrag mit dem Internetanbieter angepasst. Die Fachkraft hat an dem PC, von wo aus die synchrone virtuelle Beratung stattfindet, Zugriff zu notwendigen digitalen Unterlagen. In dem separaten Raum ist zusätzlich für Platz gesorgt, wo die beratende Fachkraft Dokumente, Akten oder Papier ablegen und sich Notizen zum Gespräch anfertigen kann. Über ein Raumbuchungssystem, das in der Beratungsstelle implementiert wurde, kann die Fachkraft das Online-Beratungszimmer (wie wir es nennen könnten) reservieren. Für alle Fachkräfte der Beratungsstelle ist ersichtlich, wann das Zimmer durch wen und wie lang gebucht ist. So werden Störungen, wie z.B. unabsichtliches Betreten des Raumes während einer laufenden Beratung, vermieden.

Checkliste (✍ C 2) zu Schritt 2: Eine Beratung wird geplant.

- Der Raum, von wo aus die synchrone virtuelle Beratung geführt wird, steht fest.
- Der Raum ist reserviert, sodass er ungestört genutzt werden kann.
- Der Raum ist angemessen ausgestattet:
  - Es gibt eine stabile Internetanbindung.
  - Es gibt eine angemessene technische Ausstattung.
  - Es gibt die Möglichkeit auf digitale Unterlagen zuzugreifen.
  - Es gibt eine angemessene Beleuchtung.
  - Es gibt einen Platz zur Ablage von Dokumenten oder Notizen.

5.3. Schritt 3: Eine Beratung wird vorbereitet.

Nach der erfolgreichen Kontaktaufnahme und Planung einer synchronen virtuellen Beratung erfolgt in einem dritten Schritt die konkrete Vorbereitung auf das Gespräch. Im Folgenden sollen dabei die Perspektiven der Fachkraft und die der Beratung in Anspruch nehmenden Person betrachtet werden. Für die Durchführung eines Beratungsgesprächs in einem synchronen virtuellen Setting sind zusätzliche Vorbereitungen wichtig, die bei einem Face-to-Face-Gespräch nicht notwendig sind.

Für beratende Fachkräfte ist es erforderlich, dass alle für das Gespräch notwendigen Gegenstände und analoge sowie digitale Unterlagen in Griffweite sind. Bei einem synchronen virtuellen Gespräch besteht die Besonderheit, dass Informationskanäle reduziert sind. Die Kanalreduktion haben wir bereits in diesem Buch erläutert. Gesprächsbeteiligte Personen sind in einem so gekennzeichneten Setting ohnehin gefordert, Informationsverluste, die sich aus der Art der Kommunikation ergeben, zu kompensieren. Die Kompensation kann durch vermittelnde verbale Erklärungen oder andere moderierende Anleitungen in einem Gespräch erfolgen. Genauer gehen wir darauf im vierten Schritt ein. Wenn die beratende Fachkraft in einem synchronen virtuellen Setting während eines Gesprächs aus dem Sicht- oder Hörbereich der zu beratenden Person heraustritt, um bspw. zusätzliche oder vergessene Unterlagen zu holen, so wird der Gesprächsablauf zusätzlich erschwert. Unvorhergesehene Unterbrechungen irritieren auch in einem Face-to-Face-Setting. Jedoch verfügen die gesprächsbeteiligten Personen, wenn sie sich im selben Raum aufhalten, über dieselben Informationsquellen. Das erleichtert die Kompensation der hervorgerufenen Irritation. Anders ist das in einem synchronen virtuellen Setting, wo sich die Personen jeweils in unterschiedlichen Räumen aufhalten. Vielleicht haben Sie das selbst schon erlebt, dass in einer Videokonferenz Ihr:e Gesprächspartner:in den Platz verlassen hat, um einen Gegenstand zu holen oder Ähnliches. In der Wartezeit bis zur Rückkehr wird die Aufmerksamkeit vom gemeinsamen im virtuellen Raum geführten Gespräch auf den konkreten Raum zurückgelenkt, in dem man sich selbst befindet. Zu diesem Raum gehören auch alle Reize, die dieser bietet. Vielleicht fällt der Blick zufällig auf eine Zimmerpflanze, die dringend Wasser benötigt, oder auf das Signal der Waschmaschine, die das Ende des

Waschgangs ankündigt. Auch der Computer, an dem man eventuell sitzt, um an der Videokonferenz teilzunehmen, gehört zum eigenen Raum mit einem vielfältigen Angebot an Reizen: E-Mails, die schnell in der Wartezeit gecheckt werden können; ein Blick in die Zeitung oder auf den Wetterbericht usw. Bei der Rückkehr des:der Gesprächspartner:in ist unter Umständen eine weite gedankliche Drift erfolgt. Der Fortgang des Gesprächs wird dieser Irritation Rechnung tragen müssen, indem zunächst der letztbesprochene Aspekt zwischen den gesprächsbeteiligten Personen wiederhergestellt werden muss. Das Verlassen des Beratungsplatzes ist in einem synchronen virtuellen Setting vor diesem Hintergrund zu vermeiden. Die Problematik besteht ebenso für die Personen, die eine Beratung in Anspruch nehmen. Alle Unterlagen bzw. Gegenstände, die für das Beratungsgespräch benötigt werden, sollten bereits vor dem Gespräch durch die Fachkraft bzw. Vertreter:innen der Beratungsstelle kommuniziert worden sein. Die Fachkraft informiert die zu beratende Person im Rahmen von Schritt 2, der Vorbereitung der Beratung, über die notwendigen Unterlagen. Entsprechend können die Utensilien von der zu beratenden Person in Griffweite bereitgehalten werden. Unterbrechungen durch das Verlassen des Beratungsplatzes aus einem solchen Grund können somit verhindert werden.

Reflexionsfrage

> Betrachten Sie den Platz neben Ihrem PC/Laptop: Welche Gegenstände befinden sich dort? Welche benötigen Sie gewöhnlich in einem Beratungsgespräch?

Ebenfalls aus dem Grund der Vermeidung zusätzlicher Irritationen im Gespräch sollte durch die beratende Fachkraft eine Vorbereitung dahingehend stattfinden, dass eine alternative Kontaktaufnahme bei technischen Störungen in der Kommunikation möglich wird. D. h., wenn bspw. über eine Internetverbindung kommuniziert wird, diese jedoch abbricht, sollte eine alternative Kontaktmöglichkeit geschaffen werden. Für Fachkräfte ist in der Vorbereitung eines synchronen virtuellen Beratungsgesprächs zu überlegen, welche alternative Kontaktmöglichkeit in Betracht kommt und welche Utensilien dafür bereitzuhalten sind. Wir empfehlen alternativ zu einer internetbasierten Kommunikation eine telefonische vorzubereiten. Dafür ist neben dem (geladenen) Telefon die Telefonnummer des Beratungsraums bzw. des Diensthandys bereitzuhalten.

Vor dem Beratungsgespräch sollte ein Technikcheck durchgeführt werden. Dieser Vorbereitungsschritt betrifft sowohl die beratenden Fachkräfte als auch die Beratung in Anspruch nehmende Person. Funktioniert die Kamera, das Mikrofon, der Lautsprecher? Ist die Kamera so ausgerichtet wie gewünscht? Funktioniert die Raumbeleuchtung? Werden diese Fragen vor dem eigentlichen Gespräch bereits geklärt, ist der Einstieg in ein Beratungsgespräch nicht von den Rahmenbedingungen belastet. Wenn wir davon ausgehen, dass der Anlass bzw. der Gegenstand psychosozialer Beratungen unterschiedliche Belastungen der Unterstützung suchenden Person beinhaltet, stellt jede Reduktion zusätzlicher Herausforderungen bereits vor dem eigentlichen Beratungsgespräch eine Erleichterung hinsichtlich der Bearbeitung der psychosozialen Bedarfe dar. Kurz: Jede zusätzliche Hürde, die bereits vor einem synchronen virtuellen Gespräch eliminiert werden kann, sollte auch eliminiert werden.

Reflexionsfrage

> Haben Sie schon einmal technische Störungen in einem virtuellen Beratungsgespräch erlebt? Wie sind Sie damit umgegangen?

Den nächsten Vorbereitungsschritt könnten wir so überschreiben: Nicht vom Geschirrspüler in die psychosoziale Krise! Dies gilt sowohl für Fachkräfte als auch für die Beratung in Anspruch nehmenden Personen. Durch das synchrone virtuelle Setting fallen in vielen Fällen für die Inanspruchnahme eines Beratungsgesprächs Wege und damit verbundene Wegzeiten weg. Der PC, von dem aus ein Gespräch geführt wird, ist möglicherweise nahe beim Kühlschrank, beim Geschirrspüler, bei der Couch usw. Das heißt, die Verlockung, bis kurz vor dem Gespräch noch andere Dinge zu erledigen, ist sehr groß und durchaus nachvollziehbar. Psychodynamisch betrachtet, könnte sogar gemutmaßt werden, dass die Beschäftigung mit alltäglichen oder angenehmen Verrichtungen bis kurz vor dem psychosozialen Beratungsgespräch, bei dem es um schwierige und belastende Inhalte geht, eine sehr gut nutzbare Abwehrhandlung ist. Wer möchte das nicht verstehen? In Beratungssettings, die *face to face* in einer Beratungsstelle stattfinden, kann das Zurücklegen des Weges dorthin für die Beratung in Anspruch nehmende Person auch als Zeit verstanden werden, sich auf das kommende Gespräch einzustimmen. Das heißt nicht, dass die Person bereits auf dem Weg in die Beratung jede einzelne Facette des Problems durchspielt, jedoch ist mit jedem Schritt hin zur Unterstützung anbietenden Einrichtung die Intention verbunden, sich in Kürze mit einem bestimmten Problem oder Anliegen zu befassen. Deshalb bewältigt man den Weg in die Beratungsstelle. Umfasst dieser Weg in die Beratung nun nur die Distanz von der Küche bis ins Wohnzimmer, fällt die Gewahrwerdung der Intention deutlich kürzer aus. Das allein stellt noch kein Problem dar. Allerdings sollte die Fachkraft sich darauf vorbereiten, zu eruieren, aus welcher Situation die zu beratende Person in das synchrone virtuelle Gespräch „eingetaucht" ist. Auch für Fachkräfte gelten die oben beschriebenen Mechanismen. Wird ein harter Schnitt von einer Handlung, die nichts mit der professionellen Tätigkeit zu tun hat, hin zum Einstieg in ein psychosoziales Beratungsgespräch vorgenommen, benötigen auch Fachkräfte zunächst Zeit, sich auf die dargebotene Problematik zu fokussieren. Fällt die Fokus-Phase bereits in ein laufendes Gespräch, so geht einerseits wertvolle Gesprächszeit für die Orientierung verloren und andererseits kann es Anlass für Irritationen beim Gegenüber sein. Erinnern Sie sich an eine Face-to-Face-Situation, wo Ihr:e Gesprächspartner:in im letzten Moment das Zimmer betreten hat, in dem Sie bereits gewartet haben. Haben Sie Anzeichen der beim Gegenüber stattfindenden Fokussierung und Orientierung bemerkt? War die Person ein wenig atemlos? Hat die Person Entschuldigungen für das knappe Erscheinen angeführt? Mussten Sie helfen, um den Gesprächsfaden aufzunehmen? In einem synchronen virtuellen Setting kann dieser knappe Eintritt in ein Gespräch viel besser unbemerkt geschehen, da auch hier die Informationsquellen reduziert sind. Wenn bspw. die Videoübertragung beginnt, sehen wir die Person vor der Kamera, aber wir haben keine Tür oder keinen Korridor im Blick, wo wir die andere Person zum Gespräch ankommen sehen. Wir wissen von unserem Gegenüber nicht, wo sich die Person bis kurz vor dem Gespräch aufhielt und womit sie sich soeben noch beschäftigt hat.

Doch nur, weil wir nicht beobachten konnten, aus welcher Situation die Person in unser Gespräch eintritt, heißt das nicht, dass die Beeinflussung durch die vorherige Beschäftigung in einem synchronen virtuellen Gespräch geringer oder unbedeutender wäre. Für Fachkräfte ist es ein Teil professionellen Handelns, mit einer angemessenen Vorbereitungszeit fokussiert und orientiert in das Gespräch zu gehen. Für Beratung in Anspruch nehmende Personen ist es leichter, sich den Themen der Beratung zu widmen, wenn auch hier bereits eine Fokussierung auf die zu besprechende Thematik stattgefunden hat. Eine angemessene Vorbereitungszeit wäre daher empfehlenswert.

Reflexionsfrage

Wie viel Zeit vor einem synchronen virtuellen Gespräch nehmen Sie sich, um sich darauf einzustimmen? Wovon hängt das ab?

Ein weiterer Punkt der Vorbereitung bezieht sich auf die Erwartung an das Beratungsgespräch. Es ist davon auszugehen, dass alle gesprächsbeteiligten Personen Vorstellungen über das stattfindende Gespräch haben. Oftmals sind diese Annahmen unreflektiert oder diffus und selten explizit ausformuliert. Die Erwartung an ein Beratungsgespräch begleitet den Gesprächsverlauf und bildet sich auch danach ab, indem die gesprächsbeteiligten Personen z. B. urteilen, dies sei ein hilfreiches, gutes oder aber auch ein enttäuschendes, nichtssagendes Gespräch gewesen. Klauer und Schneider (2016) erläutern in ihrem Artikel den Einfluss einer behandlungsbezogenen Erwartung im Kontext von Psychotherapie. Ähnliche Effekte sind auch für psychosoziale Beratungsgespräche anzunehmen. Zur professionellen Rahmung eines Beratungsgespräches gehört, dass Fachkräfte sich mit ihrer eigenen beratungsbezogenen Erwartung auseinandersetzen sowie im Beratungsgespräch die zu beratende Person unterstützen, deren Erwartungen zu formulieren. Ein synchrones virtuelles Gespräch ist durch härtere Schnitte hinsichtlich dessen Beginn und Ende gekennzeichnet. Was ist damit gemeint? Während sich bei einem Face-to-Face-Gespräch der Anfang eines Beratungsgeschehens durch das Ankommen der Personen am Beratungsort, das gemeinsame Betreten des Beratungszimmers, das gemeinsame Platznehmen, das gemeinsame Orientieren im Raum langsam aufbaut, beginnt ein virtuelles synchrones Gespräch sofort mit der Aktivierung der Kommunikationstechnik. Dasselbe gilt für das Ende des Gesprächs, auf das wir später noch eingehen werden. Inwiefern ist die Geschwindigkeit des Gesprächsauf- bzw. -abbaus relevant für die Vorbereitung eines Beratungsgesprächs? In einem synchronen virtuellen Setting gibt es keine Orientierungszeit im Gespräch. Das heißt, wenn alle gesprächsbeteiligten Personen per Kommunikationstechnik miteinander verbunden sind, beginnt das Gespräch – auch inhaltlich. Es wäre sehr irritierend, wenn eine Person nicht spricht und dieses Verhalten auch nicht erklärt oder einordnet. Selbstredend kann auch in einem synchronen virtuellen Gespräch *geschwiegen* werden, dennoch muss dieser nichtsprachliche Vorgang sprachlich vermittelt werden. Die Fachkraft könnte bspw. äußern: „Geben Sie mir einen kurzen Augenblick, wo ich über das Gesagte nachdenken kann." Allerdings sind solche nicht-sprachlichen Gesprächsphasen in synchronen virtuellen Settings schwieriger, da den beteiligten Personen durch die Kanalreduktion jeweils nur Informationsausschnitte über das Gegenüber zur Verfügung stehen. Es passiert dadurch leichter, dass sie in solchen Momenten gedanklich aus dem Gesprächsverlauf aussteigen. Irritationen in Bezug auf beratungsbezogene Erwartungen können minimiert werden, wenn Fachkräfte bereits vor dem Gespräch reflektieren, welche Vorstellungen sie mit dem Beratungsgespräch verbinden. Die beratungsbezogenen Erwartungen der Fachkräfte beziehen sich wahrscheinlich auf die Beratungsthemen, auf Bearbeitungsmöglichkeiten und -ressourcen, aber auch auf Anliegen, Fähigkeiten und Veränderungsbereitschaft der zu beratenden Person.

Reflexionsfrage

> Welche beratungsbezogenen Erwartungen können Sie für sich formulieren? Worin gleichen und worin unterscheiden sich diese je nach Beratungssituation?

Wir möchten in Vorbereitung auf ein Beratungsgespräch noch eine besondere Reflexionsebene vorschlagen: die des Zuhörens. Folgen wir den

Grundsätzen der Begründung von professionellen Arbeitsbeziehungen, so werden Fachkräfte von den Unterstützung suchenden Personen zunächst als Vertreter:innen der Einrichtung oder Organisation angesehen (Hochuli & Stotz, 2017, S. 85ff.). Die Begegnung findet für Fachkräfte in der professionellen, institutionenbezogenen Rolle statt. Dieses Rollenbild hat einen Einfluss auf die beratungsbezogenen Erwartungen. Bspw. liegt die Annahme nahe, dass Personen, die eine Schuldner:innenberatung aufsuchen, einen Beratungsbedarf hinsichtlich ihrer finanziellen Situation äußern werden. Von diesem institutionenbezogenen Framing werden die beratungsbezogenen Erwartungen der Fachkräfte geprägt. Hierin liegt einerseits ein Vorteil, denn Fachkräfte können effizient beraten und spezialisierte Unterstützungsangebote leisten. Ein Nachteil ist allerdings, dass es zu vorschnellen Schlüssen über das Beratungsanliegen kommen kann. Durch die institutionenbezogene Rahmung wird möglicherweise zu rasch davon ausgegangen, dass man den Kern des Problems der Unterstützung suchenden Person bereits erfasst hat, ohne sich dazu explizit rückzuversichern. Das Eruieren der hauptsächlichen subjektiv empfundenen Belastung bei der Beratung in Anspruch nehmenden Person ist einer der wichtigsten Vorgänge in der psychosozialen Beratung. Denn hier liegt eine Quelle von Missverständnissen über Beratungsinhalte und Veränderungsmöglichkeiten, letztlich also über divergierende Erwartungen darüber, was die Beratung leisten kann. Fachkräfte können die subjektiv empfundene Belastung durch sorgfältiges und aufmerksames Nachfragen und Zuhören erreichen. Carolyn Coughlin (2023) hat sich intensiv mit der Frage des Zuhörens beschäftigt und drei Arten definiert: *Listening to Win, Listening to Learn* und *Listening to Fix*. Unter *Listening to Win* versteht Coughlin, dass Fachkräfte so agieren, dass Probleme beseitigt werden, indem kommuniziert wird, dass es kein Problem gibt. Beispielsweise könnte die Sorge seitens der Beratung in Anspruch nehmenden Person geäußert werden, dass ihr Anliegen für diese Beratung nicht angemessen ist. Die Person ist sich vielleicht nicht sicher, ob sie an der richtigen Stelle nach Unterstützung sucht. *Listening to Win* hieße, die Fachkraft versteht diese Sorge und löst sie dadurch, dass sie kommuniziert: „Sie sind hier bei mir genau richtig. Machen Sie sich keine Sorgen darüber." Es findet keine weitere Reflexion der Sorge statt, sondern eine rasche, auf eine Beseitigung des Problems zielende Kommunikation. Dieses Beispiel zeigt eine Situation, wo eine solche Art des Zuhörens und Reagierens angemessen ist. In der Praxis psychosozialer Beratung – aber auch in anderen Gesprächssituationen – kann diese Art des Zuhörens und der daran angeschlossenen Kommunikation aber auch destruktiv sein. Etwa dann, wenn ein präsentiertes Problem nicht ernst genommen und übergangen wird. Es wird faktisch „überhört". Haben Sie schon einmal folgende Sätze vernommen? „Das ist doch kein Problem!", „Das ist kein Grund, sich Sorgen zu machen.", „Das ist schnell vergessen." Diese Art der kommunikativen Problembeseitigung kann dem subjektiven Empfinden der Unterstützung suchenden Person entsprechen, sie kann aber auch ein Ausdruck der Bagatellisierung eines Problems sein. Fachkräfte psychosozialer Beratung können reflektieren, um welche Art der raschen Problembeseitigung es sich handelt: Ist hier faktisch kein Problem zu finden oder wird ein vorhandenes Problem negiert? Für ein „Überhören" oder ein Bagatellisieren eines Problems kann es unterschiedliche Erklärungen geben. Mangelnde zeitliche, personelle Ressourcen oder Ausstattungsressourcen, aber auch unreflektierte abweichende Erwartungen des Beratungsanliegens können dazu führen. Die zweite Art des Zuhörens, das *Listening to Learn,* zielt auf ein tieferes Verständnis des präsentierten Problems ab. Durch Reflexion und das Rückspielen der eigenen Reflexion an die Unterstützung suchende Person versucht die Fachkraft, einen Entwicklungsprozess in Gang zu setzen. Dieser Vorgang wird sprachlich vermittelt, indem die Fachkraft ihre Gedanken zu dem Gehörten wieder in das Gespräch einfließen lässt. Sie könnte bspw. äußern: „Ich habe gehört, dass Sie sich Sorgen über ... machen. Habe ich das richtig verstanden?" Die dritte Art des Zuhörens zielt darauf ab, das Problem der anderen Person zu übernehmen und zu lösen. *Listening to Fix* heißt im Unterschied zu den beiden anderen Arten, dass die Problemlösung durch die Fachkraft geschieht. Es handelt sich nicht um einen raschen Ausschluss von Problemen (*Listening to Win*) oder das Erlangen eines reflektierten, differenzierten Problemverständnisses (*Listening to Learn*), sondern um das Übernehmen des Problems. Bspw. könnte die Fachkraft durch aufmerksames Zuhören verstehen, dass eine Problemlösung in einem Anruf bei einer Behörde bestehen könnte. Sie könnte gegenüber der Unterstützung suchenden Person kommunizieren: „Ich rufe für Sie bei der Behörde ... an und bringe Informationen zu Ihrer Situation in Erfahrung." In Vorbereitung auf ein synchrones virtuelles

Beratungsgespräch können Fachkräfte diese Unterscheidungsebenen nutzen, um bereits vor dem Gespräch zu reflektieren, mit welchen Erwartungen sie in einen Beratungsprozess einsteigen. Wird davon ausgegangen, dass ein Problem beseitigt oder tiefer verstanden wird oder dass Lösungsschritte übernommen werden? Je nach bewusst verstandener Erwartung können Fachkräfte den Fokus der Beratung auf die Bearbeitung der psychosozialen Bedarfe und das erfasste Problem legen.

Reflexionsfrage

> Erinnern Sie sich an vergangene Gesprächssequenzen, wo Sie die drei Arten des Zuhörens wiederfinden können?

Nicht zuletzt sollte der Raum, in dem die Personen jeweils an der synchronen virtuellen Beratung teilnehmen, vorbereitet werden. Sowohl Fachkräfte als auch zu beratende Personen richten sich so ein, dass der Raum für die Beratungsdauer als angemessene Umgebung wahrgenommen wird. Das kann bedeuten, dass noch einmal gelüftet wird, dass die Raumtemperatur bereits vor dem Gespräch wie gewünscht eingestellt wird, dass ein angenehmer Sitzplatz vorzufinden ist, dass etwas zu trinken bereitsteht usw. Hintergrund dieses Vorbereitungsschrittes ist ebenfalls die Vermeidung von Irritationen oder Unterbrechungen im Gespräch. Die Kanalreduktion ist auch hier bedeutsam. Sehen oder hören wir, wie unser Gegenüber im Gespräch recht verkrampft wirkt, können wir nicht spüren, ob das bspw. an einer zu geringen Raumtemperatur liegt und die Person schlicht nur friert oder ob der Grund der Verkrampfung der Gesprächsinhalt ist. Selbstverständlich werden solche Irritationen trotz Vorbereitung nicht gänzlich auszuschließen sein. Sie können in einem synchronen virtuellen Gespräch aber in der Regel nur verbal vermittelnd aufgelöst werden. Das nimmt wiederum Gesprächszeit und eine besondere Aufmerksamkeit in Anspruch. Daher gilt auch hier die Regel: Jede zusätzliche Hürde, die bereits vor einem synchronen virtuellen Gespräch eliminiert werden kann, sollte auch eliminiert werden.

Reflexionsfrage

In welchem Raum befinden Sie sich aktuell? Beschreiben Sie den Ausschnitt neben und hinter Ihrem Arbeitsplatz, also den Bereich, der bei einer videogestützten Kommunikation ins Blickfeld käme.

Infobox

Die Vorbereitung der synchronen virtuellen Beratung umfasst die Ausstattung des Beratungsplatzes, des Beratungsraumes, eine Lösung für technische Probleme, das Vorsehen einer angemessenen Zeit sowie der Auseinandersetzung mit beratungsbezogenen Erwartungen.

Beispiel „Lu" – Eine Beratung wird vorbereitet.

Für das Beratungsgespräch mit Lu werden diese Vorbereitungen von der Beraterin der Familienberatungsstelle getroffen: Sie hat im Raumbuchungssystem der Beratungsstelle bereits das Zimmer für die synchrone virtuelle Beratung mit Lu gebucht. Da es sich um ein Erstgespräch handelt, wurde der Raum für 90 Minuten reserviert. Davon sind 50 Minuten für das Gespräch vorgesehen, 15 Minuten für die Vorbereitungszeit und 25 Minuten für die Nachbereitungszeit. Die Beraterin orientiert sich, welche Unterlagen im Gespräch benötigt werden. Da es sich um einen Erstkontakt handelt, gibt es noch keine fallspezifischen Unterlagen, die bereitgehalten werden müssten. Die Beraterin versorgt sich aber mit Notizblock und Schreibutensilien, um sich ggf. Notizen während des Gespräches machen zu können. Das Klient:innendokumentationssystem der Beratungsstelle wird digital geführt, das heißt, die Falldokumentation kann direkt am PC erfolgen. Die Beraterin betritt 15 Minuten vor dem Gespräch den Beratungsraum. Sie stellt ihr gefülltes Wasserglas an den Rand des Beratungstisches, wo es nicht unabsichtlich umgeworfen werden kann. Sie öffnet noch einmal das Fenster und rückt den Sessel in eine bequeme Position vor die Kamera. Sie öffnet probeweise die Videokonferenz und prüft, ob Kamera, Mikrofon und Lautsprecher funktionieren. Die Beraterin braucht für das Erstgespräch mit Lu kein geöffnetes Dokument am PC. Sie achtet darauf, dass alle Fenster auf dem Desktop geschlossen sind. Falls sie während der synchronen virtuellen Beratung Lu bspw. eine hilfreiche Website zeigen möchte, ist es wichtig, dass keine anderen geöffneten Dokumente irritieren. Nach diesen Kontrollen beendet die Beraterin den technischen Probelauf.

Sie hat das Diensthandy auf dem Beratungstisch bereitgelegt, um für Lu im Fall einer Störung der computergestützten Kommunikation telefonisch erreichbar zu sein. In den Minuten vor dem Beginn der Beratung rekapituliert die Beraterin, wie die Kontaktaufnahme mit Lu bislang erfolgte und welche Informationen sie bereits über Lu hat. Sie reflektiert, welche beratungsbezogenen Erwartungen sie hat. Dabei kommt die Beraterin zu dem Schluss, dass sie darauf eingestellt ist, sich viel Zeit zum Erklären-Lassen der aktuellen Situation von Lu zu nehmen. Sie erinnert sich an ähnliche Fälle, die sich vergleichbar angebahnt haben. Die Beraterin beendet bewusst die Gedanken an andere Fälle und fokussiert sich auf das Gespräch mit Lu. Mittlerweile ist es fünf Minuten vor dem verabredeten Gesprächstermin. Die Beraterin schließt das Fenster wieder, nimmt am PC Platz und eröffnet das videogestützte Meeting.

Checkliste (✍ C 3) zu Schritt 3: Eine Beratung wird vorbereitet.

- Der Beratungsraum ist bereit:
  - Der Raum ist für die Beratungsdauer reserviert.
  - Es ist für andere Personen erkenntlich, dass der Raum benutzt wird und in der Beratungszeit nicht betreten werden soll.
  - Der Raum ist angenehm temperiert.
  - Der Raum ist gut ausgestattet.
- Der Beratungsplatz ist bereit:
  - Neben dem PC/Laptop liegen alle benötigten Utensilien: Stifte, Papier, Dokumente etc.
  - Am PC/Laptop sind nur jene Dokumente geöffnet, die während der Beratung gebraucht werden.
  - Die Technik wurde geprüft: Das Mikrofon, der Lautsprecher, die Kamera funktionieren.
  - Der Beratungsplatz ist angemessen beleuchtet.
  - Es wurden Vorbereitungen für eine Kontaktaufnahme im Fall einer technischen Störung vorbereitet: Ein (geladenes) Telefon sowie benötigte Telefonnummern sind griffbereit.
- Die Personen sind bereit für das Gespräch:
  - Eine Zeitspanne vor dem Beginn des Gesprächs wurde zum Einstimmen berücksichtigt.
  - Es gibt keine parallel zum Beratungsgespräch laufenden Verrichtungen oder Termine.
  - Die beratungsbezogenen Erwartungen wurden reflektiert.

5.4. Schritt 4: Eine Beratung wird durchgeführt.

Schritt vier umfasst das eigentliche Beratungsgespräch. Im zweiten Teil dieses Buches findet sich das Digiberth-Training, das sich ausführlich der Durchführung eines synchronen virtuellen Gesprächs widmet und alle bereits beschriebenen Besonderheiten des Settings integriert. Das Digiberth-Training bietet Fachkräften eine detaillierte Anleitung zur Umsetzung eines Beratungsgesprächs im synchronen virtuellen Setting. Doch zunächst widmen wir uns in Schritt vier noch einmal auf einer allgemeinen Betrachtungsebene den wesentlichen gesprächskonstituierenden Merkmalen im synchronen virtuellen Setting.

Das synchrone virtuelle Gespräch ist gekennzeichnet durch eine Kanalreduktion. Technisch bedingt stehen den gesprächsbeteiligten Personen unterschiedliche Informationskanäle nicht zur Verfügung. Die dadurch auftretenden Informationsverluste müssen sprachlich vermittelt werden. Das heißt bspw., dass Geschehnisse, die außerhalb des Sichtbereichs einer Person liegen, kommunikativ eingewoben werden müssen. Schaut die Fachkraft z. B. zur Seite auf einen zweiten Bildschirm, kann das die andere Person in einer Videokonferenz nicht sehen. Wohl aber wird die Person bemerken, dass die Fachkraft immer wieder zur Seite schaut. Um Irritationen an dieser Stelle zu vermeiden, muss sprachlich vermittelt werden, weshalb der Blick immer wieder neben die aufnehmende Kamera gerichtet wird. Die Fachkraft könnte bspw. Sagen: „Ich habe hier ein Klemmbrett bei der Tastatur liegen und mache mir eine Notiz.“ Es ist auch möglich, dass die Fachkraft an zwei Bildschirmen arbeitet. Sie könnte erklären: „Ich schaue immer wieder zur Seite, weil ich hier einen zweiten Bildschirm habe. Auf diesem Bildschirm habe ich Ihre Akte geöffnet, damit ich parallel zu unserem Gespräch mitlesen kann, was wir das letzte Mal verabredet haben.“ Die sprachliche Vermittlung der gesprächsbegleitenden reduzierten Informationskanäle bedingt eine Rollenerweiterung für die Fachkräfte. Zusätzlich zu ihrer professionellen Rolle als psychosoziale:r Berater:in wird eine moderierende Rolle erforderlich.

Eine weitere Besonderheit, die mit der Kanalreduktion zusammenhängt, ist die Bedeutung der Sprache für das Gespräch. In der Regel können gesprächsbegleitende Aspekte in diesem Setting nur sprachlich vermittelt werden. Nonverbale Kommunikation ist hier kaum oder nur sehr eingeschränkt möglich. Die Herausforderung besteht darin, in einem Setting, das Informationskanäle reduziert, sprachlich kompensierend zu arbeiten. Das erfordert sowohl für Fachkräfte als auch für die Beratung in Anspruch nehmenden Personen eine hohe sprachliche Kompetenz. Als wir im Dezember 2020 Fachkräfte im Zuge der pandemiebedingten Umstellung von Beratungssettings auf virtuelle Formate begleiteten (Ehrhardt & Zeller, 2021), zeigte sich die Relevanz von Sprache an einer für uns sehr überraschenden Stelle: Muttersprachliche Kompetenz stand plötzlich vermehrt über beraterischer Kompetenz. Fachkräfte befanden sich zum Teil in der Situation, Beratungsgespräche an Personen übertragen zu müssen, die zwar keine psychosoziale Ausbildung hatten, aber über Kompetenzen in der Muttersprache der Klientel verfügten. Wir können festhalten, dass sich in der Zwischenzeit vielerorts Lösungen etabliert haben, wo psychosoziale Fachkräfte gemeinsam mit dolmetschenden Personen arbeiten. Die Hinzunahme einer dolmetschenden Person in einem synchronen virtuellen Setting erzeugt andere bzw. zusätzliche Herausforderungen als in einem Face-to-Face-Setting. Die Vorgänge zeigen jedoch insgesamt die Relevanz der Sprache für dieses Setting.

Reflexionsfrage

Wodurch zeichnet sich Ihre sprachliche Kompetenz besonders aus?

Zuletzt können wir als Besonderheit des synchronen virtuellen Settings festhalten, dass auch dieses Setting einer bewussten und geplanten Gestaltung durch Fachkräfte bedarf. Der anfängliche Improvisationsmodus ist bereits in vielen Organisationen einer beginnenden Einbettung in Beratungsabläufe gewichen. Es ist uns dennoch wichtig zu unterstreichen, dass das professionelle Beraten per Telefon oder videogestützter Technik nicht ersetzend, nebenher oder beiläufig gelingen kann. Von Basisherausforderungen, die organisational geklärt werden müssen, über professionelle Kompetenzen der Fachkräfte bis hin zu den Herausforderungen für die zu beratenden Personen gibt es eine beträchtliche Anzahl von Aspekten, die ausschlaggebend dafür sind, ob synchrones virtuelles Beraten qualitativ hochwertig durchgeführt werden kann. Wir möchten verdeutlichen, dass psychosoziale Beratung im synchronen virtuellen Setting eine vollwertige, eigenständige Beratungsmethode ist. Als solche benötigt sie eine konzeptionelle Einbettung in Organisationen und eine professionelle Umsetzung. Zum Herstellen des Settings haben Fachkräfte bedingt durch die räumliche Distanz und die technisch bedingte Kanalreduktion nur eingeschränkte Mittel zur Verfügung. Sprache kommt hierbei eine besondere Rolle zu. Sowohl die Deklarierung des virtuellen Beratungsraumes als auch alle Herausforderungen im Gespräch können in der Regel nur sprachlich vermittelt werden. Dazu kommt im synchronen virtuellen Setting der Faktor der Live-Kommunikation. Das heißt, Fachkräfte haben nicht die Möglichkeit, zeitversetzt auf Fragen zu reagieren oder Belange zu klären, sondern müssen im Moment der gemeinsamen Kommunikation agieren und reagieren.

Reflexionsfrage

Woran merken Sie bei sich, dass Sie unter Zeitdruck stehen?

Vor allem in der Anfangs- und Endphase eines Gesprächs werden die Herausforderungen des Settings noch einmal deutlich. Der Beginn eines psychosozialen Beratungsgesprächs eröffnet die Bearbeitungsebene. Das heißt, es muss gelingen, einen Raum zu kreieren, in dem sich Unterstützung suchende Personen öffnen und ihre Unterstützungsbedürftigkeit signalisieren können. Dafür stehen Fachkräften im synchronen virtuellen Setting hauptsächlich sprachlich vermittelnde Kommunikationsmittel zur Verfügung. In der Begleitung psychosozial beratender Fachkräfte im Dezember 2020 (Ehrhardt & Zeller, 2021) konnten wir beobachten, dass Klient:innen zum Teil eine Schonhaltung gegenüber der Fachkraft einnahmen, wenn sie bemerkten, dass diese mit dem synchronen virtuellen Setting sehr gefordert war. Sie haben so zum Teil eine Selbstoffenlegung vermieden, weil sie – wie wir vermuten – ihr Unterstützungsnetzwerk nicht überlasten wollten. Fachkräfte, die sich im Umgang mit dem Setting sicher fühlten, berichteten uns nicht von derartigem Verhalten ihrer Klientel. Das Ende eines Gespräches ist im synchronen virtuellen Setting ebenfalls herausfordernd. Die Beendigung erfolgt technisch bedingt immer abrupt. Es gibt kein gemeinsames Aufstehen vom Beratungstisch, keinen gemeinsamen Weg aus dem Beratungsraum, kein Händeschütteln an der Tür. Es gibt nur ein Ausschalten der Technik und den unmittelbaren Moment danach, wenn die gesprächsbeteiligten Personen sich allein in ihren jeweiligen Räumen wiederfinden. Es gibt einige Hinweise darauf, dass der letzte Eindruck eines Gesprächs in besonderer Erinnerung bleibt. Der Recency Effect beschreibt das Phänomen, dass letztgenannte Informationen besser erinnert werden als Informationen, die in der Mitte eines Gesprächs erwähnt wurden (Wenski, 2022, S. 58). Fachkräfte können diesen Effekt nutzen, um am Ende des Beratungsgesprächs noch einmal gezielt wesentliche Informationen zu platzieren. Im synchronen virtuellen Setting gibt es aufgrund der Verwendung von Kommunikationstechnik einen Zeitpunkt, wo das Gespräch „abgeschaltet“ wird. Dieses abrupte Beenden erfordert ein planvolles Vorgehen in der Verabschiedungsphase eines Beratungsgesprächs. Fachkräfte müssen bereits beim Führen des Beratungsgesprächs jene Informationen besonders berücksichtigen, die abschließend noch einmal betont bzw. wiederholt werden sollen. Außerdem müssen die Fachkräfte den Zeitpunkt bestimmen, an dem jene Informationen genannt werden. Ein zweiter Aspekt, der darauf hindeutet, dass der Endphase eines Beratungsgesprächs besondere Aufmerksamkeit geschenkt werden sollte, ist die „Peak-end Rule“ (Wenski, 2022, S. 58). Diese Regel besagt, dass Menschen Erfahrungen nicht nach deren durchschnittlicher Qualität bewerten, sondern nach den erlebten extremen Ausprägungen und nach dem Ende. Zurückgeführt wird der Effekt darauf, dass eine Vernachlässigung bei der Erinnerung an die Dauer eines Geschehens zu beobachten ist (Wenski, 2022, S. 58). Dagegen bleiben die höchste Intensität von Erlebtem und das Ende einer Situation stärker im Gedächtnis. Es gibt zahlreiche Beispiele für die „Peak-end Rule“. Vielleicht kennen Sie eine solche Situation? Nach einer mühevollen, mehrstündigen Bergbesteigung bleiben vor allem die Highlights der Wanderung im Gedächtnis: Der Anblick des Gipfelkreuzes und der staunende Blick ins Tal könnten solche intensiven Erlebnisse sein. Die Beschwerlichkeiten des Weges zum Gipfel treten in der Erinnerung in den Hintergrund und man wird diese Tour eventuell aufgrund des fantastischen Blicks vom Berggipfel weiterempfehlen. Vielleicht haben Sie sich andererseits auch schon einmal gewundert, wenn Sie ein zweites Mal ein bestimmtes Ziel aufsuchten und sich der Weg dorthin als weiter herausstellte als erinnert. Das Ziel selbst ist intensiver im Gedächtnis geblieben als die Dauer und die Details des Weges. Die Intensität von Erlebtem kann auch negativ sein und ebenfalls den Eindruck über eine bestimmte Dauer eines Vorgangs dominieren. Die Einschätzung, der Urlaub sei verregnet gewesen, dürfte in den seltensten Fällen einem differenzierten Abgleich von Niederschlags- und Trockenzeiten über die gesamte Dauer des Urlaubs hinweg standhalten. Dennoch beschreibt diese Bewertung den intensiven Eindruck, der die Erinnerung dominiert. Die „Peak-end Rule“ kann in einem Beratungsgespräch bewusst genutzt werden. Fachkräfte können intensiv erlebte Phasen des Gesprächs abschließend noch einmal verbal aufgreifen und so in den Beratungsprozess einbetten. Für Personen, die sich in einer psychosozialen Notlage befinden und in einem Beratungsgespräch nach Unterstützung suchen, ist das Ende eines Gesprächs für ihr Wohlbefinden und ihre Stabilität, aber auch für die Entwicklung ihrer Situation und des Beratungsprozesses insgesamt bedeutsam. Der letzte Eindruck, der in einem psychosozialen Beratungsgespräch vermittelt wird, sollte demnach ein prozess- und arbeitsbeziehungsförderlicher sein. Die relevante Endphase des Beratungsgesprächs kann im synchronen virtuellen Setting wiederum vor allem sprachlich vermittelt werden. Das Digiberth-Training im zweiten Teil des Buches geht detailliert auf die Gestaltung der Verabschiedungsphase ein.

Reflexionsfrage

Welche Rituale und Routinen haben Sie für den Beginn und das Ende von Beratungsgesprächen?

Infobox

Für Fachkräfte sind die wesentlichen Herausforderungen im synchronen virtuellen Setting: die Rollenerweiterung, das sprachlich vermittelte Herstellen des Beratungssettings und das Agieren ohne Zeitversatz.

Beispiel „Lu" – Eine Beratung wird durchgeführt.

Die Beraterin der Familienberatungsstelle und Lu sprechen dieselbe Muttersprache, weshalb in der Beratung nicht mit zusätzlichen sprachlichen Herausforderungen zu rechnen ist. Die Beraterin hat das Digiberth-Training absolviert. Sie kennt die einzelnen zu beachtenden Gesprächstechniken, die in der Anfangs-, Bearbeitungs- und Endphase des Gesprächs relevant sind. Die Beraterin fühlt sich im Umgang mit der verwendeten Kommunikationstechnik sicher. Sie hat Phrasen und Redewendungen parat, die ihr helfen, Situationen im Beratungsverlauf sprachlich zu vermitteln. Auch Lu ist bereit, audiovisuell computergestützt zu kommunizieren. Da Lu bereits ein synchrones virtuelles Gespräch mit der großen Tochter geführt hat, ist auch für Lu ein Gespräch trotz reduzierter Informationskanäle gut möglich.

Checkliste (✍ C 4) zu Schritt 4: Eine Beratung wird durchgeführt.

- Es sind ausreichend sprachliche Kompetenzen für das Beratungsgespräch vorhanden.
- Es ist bekannt, dass das Beratungssetting sprachlich vermittelt hergestellt werden muss.
- Es sind Phrasen und Redewendungen zur sprachlichen Vermittlung des Beratungsgeschehens bekannt.
- Es ist bekannt, dass der Anfangs- und Endphase eines Beratungsgesprächs eine besondere Bedeutung zukommt.
- Die am Gespräch beteiligten Personen können mit der verwendeten Kommunikationstechnik gut umgehen.

5.5. Schritt 5: Eine Beratung wird nachbereitet.

Zur Nachbereitung eines psychosozialen Beratungsgesprächs gehören für Fachkräfte in der Regel eine Reihe von Verrichtungen, die sich unabhängig vom Beratungssetting ergeben: Die Dokumentation des Gesprächs, das Umsetzen von vereinbarten Unterstützungsschritten und die Übermittlung von fallrelevanten Informationen an andere Unterstützungsstellen dürften dabei die häufigsten Handlungen sein. Ist ein Beratungsgespräch abgeschlossen, so müssen die Voraussetzungen für ein nachfolgendes Gespräch (wieder-)hergestellt werden. Das gilt auch für das synchrone virtuelle Setting. Fachkräfte können nach einem synchronen virtuellen Beratungsgespräch gezielt reflektieren, inwiefern die durchgeführte Beratung durch das Setting angemessen gerahmt wurde.

Folgende Fragen können die rückschauende Betrachtung systematisieren:

- Fragen zu den Basisherausforderungen:
  - Besteht für die Beratung im synchronen virtuellen Setting eine konzeptuelle Einbindung in Ihrer Organisation?
  - Welches Ziel wird mit dem Beratungsformat des synchronen virtuellen Settings seitens Ihrer Organisation verfolgt?
  - Sind Sie im Gespräch auf ungeklärte Aspekte hinsichtlich der rechtlichen Rahmenbedingungen der Verwendung der Kommunikationstechnik gestoßen?
    - Wenn ja, welche Fragen kamen auf?
    - Wo in Ihrer Organisation können Sie diese Fragen platzieren?
  - War Ihre technische Ausstattung am Arbeitsplatz angemessen für die Durchführung einer synchronen virtuellen Beratung?
    - Wenn nicht, woran mangelte es?
    - Wo in Ihrer Organisation können Sie die Mängel bzw. Bedarfe melden?
- Fragen zur professionellen Rolle:
  - Wie gut konnten Sie im Gespräch Ihr professionelles Handlungsrepertoire ausschöpfen?
  - Wie handlungssicher haben Sie sich insgesamt gefühlt?
  - Wie zufrieden sind Sie mit der Begrenzung Ihrer professionellen Rolle im Gespräch?
- Fragen zum Gesprächsablauf:
  - Wie zufrieden sind Sie mit der Umsetzung der Gesprächstechniken in den einzelnen Phasen des synchronen virtuellen Beratungsgesprächs?
  - Wie angemessen fanden Sie das Setting für das Beratungsanliegen der zu beratenden Person?
  - Wie gut ist es gelungen, den Beratungsverlauf sprachlich zu vermitteln?
  - Wie zufrieden sind Sie mit der Qualität des Beratungsgesprächs?
  - Welche technischen Herausforderungen haben den Gesprächsverlauf beeinflusst?

- Inwiefern hat sich die Kanalreduktion im Gespräch bemerkbar gemacht?
- Wo möchten Sie im nächsten Gespräch Änderungen vornehmen?
- Wo benötigen Sie Unterstützung durch Ihre Organisation?

Infobox

Hinsichtlich der rückschauenden Betrachtung können die Besonderheiten des Settings systematisch nach den Basisherausforderungen, der professionellen Rolle und dem Gesprächsverlauf reflektiert werden.

Beispiel „Lu" – Eine Beratung wird nachbereitet.

In unserem Beispiel gab es eine kurze Unterbrechung des Gesprächs, weil die Internetverbindung von Lu instabil war. Die Beraterin hat Lu direkt nach Abbruch der Videoübertragung telefonisch kontaktiert. Lu wurde durch die Beraterin telefonisch angeleitet, sich erneut in das videogestützte Meeting einzuwählen. Nachdem die Verbindung wiederhergestellt war, wurde das Gespräch ohne weitere technische Störungen fortgeführt und nach Klärung des Anliegens beendet. Der geplante Zeitrahmen für das Gespräch wurde trotz der technischen Störung eingehalten. Die Beraterin dokumentiert nach dem Beratungsgespräch die wichtigsten inhaltlichen Aspekte zum Anliegen von Lu. Die technische Störung und der Umgang damit werden kurz in der Dokumentation festgehalten. Die Beraterin schätzt ein, dass das Anliegen von Lu im synchronen virtuellen Setting angemessen bearbeitet werden kann. Um diese Beurteilung treffen zu können, hat sie sich an der Matrix zu den Einsatzmöglichkeiten und Grenzen des synchronen virtuellen Settings orientiert, das wir im folgenden Kapitel vorstellen. Auf Basis dieser Einschätzung wurde von der Beraterin vorgeschlagen, dass der nächste Termin mit Lu wieder im synchronen virtuellen Format stattfindet, womit sich Lu einverstanden zeigte. Die Beraterin reserviert für das Folgegespräch erneut einen Raum in der Beratungsstelle, der sich zum Führen eines synchronen virtuellen Gesprächs eignet. Als die Beraterin das Online-Beratungszimmer der Familienberatungsstelle verlässt, sind die Bedingungen für ein neues Gespräch im Zimmer wiederhergestellt: Neben dem PC findet sich ein Platz zum Ablegen von Dokumenten oder anderen Utensilien, die technische Ausstattung ist funktionsfähig, alle Dokumente am PC sind geschlossen, Akkus von technischen Geräten sind geladen, sodass nachfolgende Gespräche verzögerungsfrei starten können.

Checkliste (✍ C 5) zu Schritt 5: Eine Beratung wird nachbereitet.

- Ein Nachfolgetermin wurde vereinbart:
  - Das Setting für weiterführende Gespräche wurde auf der Grundlage der Einsatzmöglichkeiten und Grenzen für synchrone virtuelle Settings von der Fachkraft festgelegt.
  - Das Setting für weiterführende Gespräche wurde der Beratung in Anspruch nehmenden Person kommuniziert und eine gemeinsame Vereinbarung zum Format nachfolgender Gespräche wurde getroffen.
  - Der Termin sowie notwendige Zugangsdaten für das nachfolgende synchrone virtuelle Gespräch wurden der Beratung in Anspruch nehmenden Person übermittelt.
  - Der Beratungsraum wurde für den Folgetermin reserviert.
- Das Beratungsgespräch wurde dokumentiert:
  - Wesentliche Beratungsinhalte wurden festgehalten.
  - Technische Störungen und Auffälligkeiten im Gespräch wurden dokumentiert.
  - Die Prüfung der Eignung des Settings für das aktuelle Anliegen und der Entschluss, in welchem Format die zukünftigen Gespräche stattfinden sollen, sind in der Dokumentation vermerkt.
- Das Beratungszimmer ist für nachfolgende Gespräche vorbereitet:
  - Die technische Ausstattung ist komplett und funktionstüchtig.
  - Technische Störungen wurden gemeldet, sodass sie behoben werden können.
  - Technische Bedarfe, die während des Gesprächs festgestellt wurden, wurden ebenfalls gemeldet, sodass sie gedeckt werden können.

6. Einsatzmöglichkeiten und Grenzen der Beratungsform

Der Tenor zum Einsatz digitaler Technik in der professionellen psychosozialen Unterstützung lautet derzeit in etwa: Das Format bietet allerlei Chancen, aber es kann auch nicht immer und überall angewandt werden. Es finden sich unterschiedliche Sammlungen von Argumenten für den Einsatz virtueller Beratungsmethoden (Balaouras et al., 2018). Dabei verbleiben Ausschlusskriterien für die Anwendung der Methode der synchronen virtuellen Beratung zumeist auf einer allgemeinen Betrachtungsebene. Wir haben das Fehlen einer systematischen Zusammenstellung von angemessenen und nicht angemessenen Problem- und Fragestellungen für den Einsatz der synchronen virtuellen Methode zum Anlass genommen, eine Matrix zu entwickeln, die psychosozialen Fachkräften eine Orientierung für die Einschätzung der Eignung (✍ **T 3**) der Methode für ihren vorliegenden Fall bieten kann. Unsere Datengrundlage für die Entwicklung der Matrix waren qualitative Interviews und Beobachtungsprotokolle, die in der Zusammenarbeit mit psychosozialen Berater:innen unterschiedlicher Handlungsfelder im Zeitraum von Dezember 2020 bis März 2022 entstanden sind. Mittels evaluativer qualitativer Inhaltsanalyse (Kuckartz & Rädiker, 2022) wurden Bewertungskategorien für die Einschätzung der Eignung der Methode entwickelt und nach den Anliegen der Klient:innen sortiert. Die folgende Matrix (Abb. 6) zeigt, bei welchen Problem- oder Fragestellungen unserer Erfahrung nach eine Indikation für die Anwendung der Methode der synchronen virtuellen Beratung gegeben, wenig gegeben/ungünstig oder nicht gegeben/kontraindiziert ist.

Das Beraten im synchronen virtuellen Setting erfordert sowohl bei Fachkräften als auch bei den Personen, die eine Beratung in Anspruch nehmen möchten, spezielle Fähigkeiten und Kompetenzen. Wesentlich sind hier sprachliche Kompetenzen. Wie wir bereits gezeigt haben, kann die technisch bedingte Kanalreduktion vorrangig sprachlich kompensiert werden. Das erfordert bei Fachkräften die Fähigkeit, das Setting sprachlich zu vermitteln, das Gespräch zu steuern und Informationsdefizite durch die Kanalreduktion sprachlich auszugleichen. Beratung in Anspruch nehmende Personen müssen ebenfalls über ausgeprägte sprachliche Kompe-

Spezielle Bedingungen im Fall:	Der ausschließliche Einsatz des synchronen virtuellen Settings ist ... gegeben	wenig gegeben/ ungünstig	nicht gegeben/ kontraindiziert
Fähigkeit zur aktiven Settingherstellung bei Fachkraft und Klient:innen ist vorhanden.	X		
Mobilitätsverhalten der Klient:innen wird unterstützt: z. B. ländlicher Raum und Anbindung an öffentliche Verkehrsmittel, Wegzeiten sparen.	X		
Die Erreichbarkeit bestimmter Gruppen ist verbessert, eine Kontaktanbahnung ist (besser) möglich.	X		
Die Komplexität in der Problemstellung ist hoch, aber die Reflexionsfähigkeit gering oder es gibt Sprachbarrieren.		X	
Es gibt zu beachtende Sicherheitsaspekte in der Beratung: z. B. strafrechtlich, persönliches Sicherheitsgefühl.		X	X
Der Raum, von wo aus Klient:innen die Beratung in Anspruch nehmen, und das Problem der Klient:innen hängen zusammen.		X	X

Abbildung 6: Matrix der Einsatzmöglichkeiten und Grenzen der Beratungsform, eigene Darstellung

tenzen verfügen, um von diesem Setting profitieren zu können. Sowohl Fachkräfte als auch zu beratende Personen müssen in der Lage sein, geeignete Beratungsplätze zu schaffen, wo sie sich während des synchronen virtuellen Gesprächs aufhalten. Es benötigt aus unserer Sicht eine weiterführende differenzierte Beschäftigung mit den Fähigkeiten, über die Personen verfügen müssen, um synchrone virtuelle Settings herzustellen und zu nutzen. Der Verweis auf die Bedeutsamkeit der Sprache und die Umsetzung von Basisherausforderungen können unsererseits nur als erste Anhaltspunkte verstanden werden. Trotz der aktuell noch skizzenhaften Darstellung möchten wir die Fähigkeit zur Settingherstellung als ein zu überprüfendes Merkmal festhalten, wenn Fachkräfte beurteilen möchten, ob das synchrone virtuelle Setting eine geeignete Beratungsmethode für einen vorliegenden Fall darstellt. Ist die Fähigkeit zur Settingherstellung sowohl bei der Fachkraft als auch bei der zu beratenden Person gegeben, kann mit der Überprüfung weiterer Kriterien zur Eignung der Methode fortgefahren werden.

Das synchrone virtuelle Beraten wird als geeignet angesehen, wenn das Mobilitätsverhalten der zu beratenden Personen durch die Methode besonders berücksichtigt werden kann. Das Ersparen von Wegzeiten und Kosten für Mobilität ist ein Vorteil, den dieses Setting bietet. Die

Inanspruchnahme einer psychosozialen Beratung kann in bestimmten Lebensumständen erleichtert werden, wenn sie synchron virtuell angeboten wird. Sowohl individuelle als auch strukturelle Gründe können zu Mobilitätseinschränkungen führen. Folgende Beispiele ließen sich hier anführen:

- Schlechte (öffentliche) Verkehrsanbindung zwischen Wohnort und Beratungsstelle
- (Zu) hohe Kosten für Mobilität
- Kein Führerschein
- Zeitgebundene Betreuungspflichten
- Pflichten durch Erwerbstätigkeit
- U.v.m.

Besonders, wenn es sich um Beratungsanliegen handelt, wo davon ausgegangen werden kann, dass eher ein Fokus auf Orientierung und Information liegt, wird das synchrone virtuelle Setting durch die ersparten Wegzeiten und Kosten attraktiv.

Aus der Übersicht zu Grenzen und Einsatzmöglichkeiten der Beratung im synchronen virtuellen Setting (Abb. 6) wird weiters ersichtlich, dass dieses Setting geeignet ist, wenn es um Kontaktanbahnungen bzw. die Erhöhung der Erreichbarkeit bestimmter Gruppen geht. Wir haben an anderer Stelle in diesem Buch bereits dargestellt, dass sich die Lebensräume der Menschen insofern verändern, als dass virtuelle Räume von mehr Personen und häufiger genutzt werden. Fand aufsuchende Soziale Arbeit vor 35 Jahren hauptsächlich in realen Räumen statt, so trägt die Entwicklung von bspw. digitaler Streetwork den veränderten Lebenswelten der Menschen heutzutage Rechnung. Aufsuchende Soziale Arbeit findet nun auch in virtuellen und realen Räumen statt. Für die Erreichbarkeit und Kontaktanbahnung kann das synchrone virtuelle Setting gut genutzt werden, weil es Menschen in ihren Lebensräumen antrifft. Dabei spielt die Motivation, sich bevorzugt in virtuellen Räumen aufzuhalten, bei der Kontaktanbahnung und Erreichbarkeit zunächst keine Rolle. Die Motive, weshalb Personen vor allem über virtuelle Räume anzutreffen sind, werden aber möglicherweise im Verlauf einer Beratung wesentlich für die Entscheidung sein, ob weiterhin im synchronen virtuellen Setting gearbeitet werden soll. Wir möchten an dieser Stelle auf ein Modell aus der

Suchtforschung verweisen (Abb. 7), das erklärt, wann ein nachlassendes *online wellbeing* zu einem Problem für die betreffende Person werden kann (Müller et al., 2018, S. 40).

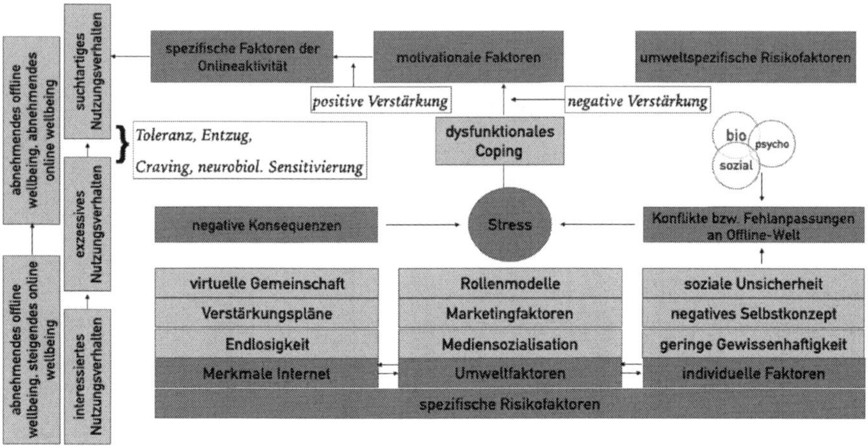

Abbildung 7: Modell internetbezogener Störungen, eigene Darstellung nach Müller et al., 2018, S. 40

Personen, deren Online-Nutzungsverhalten zu Konflikten und Fehlanpassungen in der realen (Offline-)Welt führt, entwickeln unter Umständen ein Vermeidungsverhalten für Kontakte und Konfrontationen in realen Räumen. Werden vor allem Online-Kontakte gepflegt, um ein Zugehörigkeitsgefühl zu erlangen, so werden die Kompetenzen für Offline-Welten geschwächt, was wiederum zu einem Vermeidungsverhalten führt. Anfänglich verspüren die Personen laut dem Modell ein steigendes *online wellbeing*, weshalb sie virtuelle Räume stärker nutzen. Es ist aber davon auszugehen, dass das Online-Nutzungsverhalten bei überdauernder, exzessiver oder ausschließlicher Nutzung negative Konsequenzen mit sich bringt. Eine negative Folge können bspw. Konflikte mit realen Kontakten aufgrund des hohen Zeitaufwands für das Online-Nutzungsverhalten sein. Aber auch virtuelle Kontakte können stressauslösend sein. Verfügen Personen über nur eingeschränkte Copingstrategien, sind sie darauf angewiesen, dass die bestehenden Kontakte ihre Bedürfnisse nach bspw. Zugehörigkeit und Anerkennung erfüllen. Verhalten sich virtuelle Kontakte nicht entsprechend, wirkt dies stressauslösend. Ein Nichtentsprechen kann z. B. in einem unerwünschten Antwort- oder Reaktionsverhalten liegen (bspw. weniger Response auf Postings als erwartet). Andere Konflikte können sich aus einer (sich entwickelnden) Fehlanpassung an reale Kontakte ergeben. Personen „verlernen" den Umgang mit realen Situationen und fühlen sich überfordert oder unsicher. Diese stressauslösenden Momente in realen Umgebungen mindern das *offline wellbeing* und im zeitlichen Verlauf der intensiven Online-Nutzung auch das *online wellbeing*. Wird nach einer virtuellen Kontaktanbahnung oder dem virtuellen Erreichen einer Person eine solche Dynamik erkannt, ist das ausschließliche Beraten über synchrone virtuelle Kontakte nicht indiziert. Hier wären über *Blended-counselling*-Formate Wege zu finden, Personen in ihrer Anpassungsfähigkeit an reale Räume und Kontakte zu stärken. Das heißt, ausschließliches synchrones virtuelles Beraten ist dann kontraindiziert, wenn das Beratungsformat eine bestehende Problematik verstärkt.

Es gibt noch weitere Frage- und Problemstellungen, bei denen aus unserer Sicht ein synchrones virtuelles Beratungsformat ungünstig bis ungeeignet ist. Ein Aspekt, der in unserer Begleitung von psychosozial beratenden Fachkräften im Zeitraum von Dezember 2020 bis März 2022 immer wieder auffiel, war das Sicherheitsempfinden sowohl von Fachkräften als auch von den Personen, die die Beratung in Anspruch nahmen. Hier können unsere Beobachtungen nur eine erste grobe Systematisierung liefern. Wir konnten Fragen des Sicherheitsempfindens im Hinblick auf drei Ebenen feststellen:

1. Rechtlich

Die rechtliche Ebene bezieht sich zum einen auf die Sicherheit übermittelter Daten. Sowohl bei Fachkräften als auch bei den Beratung in Anspruch nehmenden Personen wurde eine Skepsis dahingehend deutlich, dass die Kommunikationstechnik insofern sicher sei, als dass Daten nicht an Dritte gelangen, also „abgehört" oder „abgefangen" werden können. Mittels organisationaler Klärung der zu verwendenden Kommunikationstechnik und dem Bereitstellen entsprechender Leitfäden für die Fachkräfte könnte die Datenschutzfrage sicherlich weitgehend gelöst werden. Es war aber auch in anderer Hinsicht eine Sorge über rechtliche Konsequenzen der Kommunikationsform zu beobachten. Diese betraf bestimmte Gesprächsinhalte. Es kann in psychosozialen Beratungsgesprächen immer wieder vorkommen, dass Klient:innen (straf-)rechtlich relevante Belange äußern. Fachkräfte entscheiden in solchen Fällen, wie sie professionell mit derartigen Informationen verfahren (müssen). In Face-to-Face-Settings verbleiben solche Informationen zunächst kontrolliert im Beratungsraum. Das Sicherheitsempfinden in synchronen virtuellen Settings zeigte sich dahingehend beeinträchtigt, dass Unsicherheit darüber herrschte, wer solche Informationen unkontrolliert ab- oder mithören könnte. Es muss aus unserer Sicht davon ausgegangen werden, dass das synchrone virtuelle Setting eine Hürde darstellen kann, bestimmte Themen anzusprechen. Dies gilt besonders dann, wenn eine Skepsis hinsichtlich der verwendeten Kommunikationstechnik besteht. Für manche Beratungsanliegen mag dies irrelevant sein. Es sollte jedoch reflektiert werden, in welchem Ausmaß rechtlich bedeutsame Fragestellungen in einem Fall vorliegen und wo bzw. wie diese zur Sprache kommen.

2. Persönlich

Das Sicherheitsempfinden im synchronen virtuellen Setting lässt sich auch auf einer persönlichen Ebene beschreiben. Fachkräfte und Beratung in Anspruch nehmende Personen verwendeten auch den Begriff des „persönlichen Sicherheitsgefühls“. Hier ging es weniger um die Sorge, dass Inhalte oder Daten an Dritte gelangen, sondern darum, wie sicher sich eine Person in der Beratungssituation fühlt. Ein Beratungsraum in einer Beratungsstelle kann als sicherer Raum verstanden werden. Unterstützung suchende Personen können aus einem Umfeld kommen, das sie als bedrohlich erleben. Verlassen sie diesen bedrohlichen Raum, indem sie sich davon wegbewegen und in einen entfernten Beratungsort begeben, so ist die Grenze zwischen bedrohlichem und sicherem Raum eindeutig erkenn- und spürbar. Wird jedoch eine synchrone virtuelle Beratung durchgeführt, so verbleiben die Unterstützung suchenden Personen möglicherweise in dem Raum, den sie als bedrohlich einschätzen (müssen). Besonders deutlich wurde dies bei Beratungsthemen zu häuslicher Gewalt. Musste die Beratung von dem Raum aus getätigt werden, der auch

Tatort von Gewalt ist, so war das Sicherheitsgefühl nachvollziehbarerweise davon beeinflusst. Dies äußerte sich sowohl bei der Fachkraft als auch bei der Beratung in Anspruch nehmenden Person. Beide waren mitunter unsicher, ob die zu beratende Person tatsächlich allein war oder eine kontrollierende Person die Beratung mitverfolgte. Auch hier war es so, dass bestimmte Themen vermieden und in diesem Setting nicht angesprochen wurden. Das persönliche Sicherheitsgefühl wurde vor allem im Zusammenhang mit einer verminderten Kontrolle über den Beratungsraum beschrieben.

Digitalisierung kann eine Projektionsfläche für Ängste und Sehnsüchte sein, wie folgende Forschungsarbeit exemplarisch zeigen soll. Im Rahmen eines Forschungsprojektes mit wohnungslosen Personen wurden unterschiedliche Narrative dazu diskutiert (Heinzelmann et al., 2021). Vor dem Hintergrund einer marginalisierten Position in der Gesellschaft sowie der konkreten prekären Lebenswirklichkeit der Wohnungslosen wurden Bedürfnisse und Befürchtungen in virtuelle Räume projiziert. Es wurde vermutet, dass diese durch die Digitalisierung beförderte Projektion wiederum Auswirkungen auf das „Offline-Leben" (Heinzelmann et al., 2021, S. 146) der an der Studie teilnehmenden wohnungslosen Personen hatte. Neben der Angst vor Datendiebstahl und Strafverfolgung wurde Angst vor Überwachung, auch durch die Fachkräfte, genannt. Es wurde befürchtet, dass staatliche Kontrollagenturen Informationen über Standorte erhalten könnten. Eine Verdrängung von den aktuellen Aufenthaltsplätzen wurde als Konsequenz befürchtet. Die wohnungslosen Personen erzählten über Ängste vor weiterer Ausgrenzung und Verdrängung. Aus den hier skizzierten Studienergebnissen kann geschlussfolgert werden, dass eine Sicherstellung von Anonymität eine Grundvoraussetzung für die Inanspruchnahme einer synchronen virtuellen Beratung sein kann. Wohnungslose Personen erleben zahlreiche Mangelsituationen, sodass der digitale Raum neben einer Projektionsfläche für Ängste auch eine für Sehnsüchte darstellen kann (Heinzelmann et al., 2021). Neben Zugang zum Wohnungsmarkt wurde von den wohnungslosen Personen der Wunsch nach Autonomie und Unabhängigkeit vom Hilfesystem hervorgehoben.

3. Die Selbstgefährdung betreffend

Fachkräfte psychosozialer Beratung schilderten eine große Sorge, wenn in synchronen virtuellen Settings Hinweise auf selbstgefährdende Handlungen von Beratung in Anspruch nehmenden Personen geäußert wurden. Besonders wenn die Beratung anonym in einem solchen Setting erfolgte und die Verbindung abbrach, wurde dies von Fachkräften als besorgniserregend beschrieben. In solchen Fällen ist es quasi unmöglich zu bestimmen, ob der Kommunikationsabbruch technisch bedingt oder inhaltlich motiviert war. Fachkräfte betonten jedoch, dass selbstgefährdende Äußerungen an sich nicht gegen ein synchrones virtuelles Format sprechen. Aus der Telefonseelsorge ist bekannt, dass Menschen in suizidalen Krisen gerade anonyme Beratungsangebote aufsuchen, die ihnen erlauben (zunächst) unsichtbar zu bleiben. Mitarbeitende der Telefonseelsorge erleben solche Beratungsanliegen als „belastender als die anderer Anrufer" (Klix-van Drunen et al., 2009, S. 52). Dies betrifft auch Fachkräfte, die anonym synchron virtuell beraten. Hier wird sichtbar, wie wichtig eine konzeptionelle Einbettung des Beratungsformats ist. Entscheidet sich eine Organisation, anonyme synchrone virtuelle Beratung anzubieten, sollte berücksichtigt werden, mit welchen Anliegen und Problemen ihre Fachkräfte konfrontiert sein könnten. So können qualitätssichernde Maßnahmen für Fachkräfte, wie bspw. Supervisionen, ebenfalls von Beginn an mit konzipiert werden.

Zusammenfassend kann zum Kriterium des Sicherheitsempfindens gesagt werden, dass die Anwendung der Methode des synchronen virtuellen Settings dann ungeeignet ist, wenn das Sicherheitsempfinden einer gesprächsbeteiligten Person (Fachkraft oder Klient:in) durch das Setting in einem erheblichen Ausmaß beeinträchtigt ist. Dabei ist es unerheblich, ob das Sicherheitsempfinden durch rechtliche, persönliche oder beratungsbezogene Aspekte herabgesetzt wird. Es ist fallbezogen von der Fachkraft zu entscheiden, ob ein synchrones virtuelles Setting im gesamten Beratungsprozess nicht verwendet wird oder ob bestimmte, klar definierte Problemaspekte doch in diesem Format behandelt werden können. Je nach Ausmaß der Beeinträchtigung des Sicherheitsempfindens ist möglicherweise ein *Blended-counselling*-Format vorstellbar.

Als ein weiteres Merkmal für die Feststellung der Eignung des synchronen virtuellen Beratungsformats hat sich die Komplexität der Problemstellung im Zusammenhang mit der Reflexionsfähigkeit der Klient:innen herausgestellt. Waren die Beratungsanliegen sehr komplex, die Reflexionsfähigkeit der zu beratenden Person jedoch gering, so eigneten sich Beratungsmethoden besser, die nicht mit einer Kanalreduktion einhergehen. Die Erfahrung der beratenden Fachkräfte zeigt, dass in einer solchen Konstellation Informationsverluste aufgrund der technischen Kommunikationsmöglichkeiten eine weitere Hürde zur ohnehin bereits komplexen Problemlage darstellen. Hier wurden Beratungsformate als geeigneter angesehen, die weniger sprachlich kompensierend und breiter in der Verfügbarkeit von Informationskanälen sind.

Infobox

Es ergeben sich drei Aspekte, wann synchrone virtuelle Beratung als **geeignet** angesehen wird:

1. Fachkraft und zu beratende Person verfügen über die notwendigen Kompetenzen und Fähigkeiten ein synchrones virtuelles Setting herzustellen.
2. Dem Mobilitätsverhalten der Klientel wird entsprochen.
3. Personen werden über das Setting erreicht und die Kontaktanbahnung wird möglich.

Es ergeben sich drei Aspekte, wann synchrone virtuelle Beratung als **wenig geeignet bzw. kontraindiziert** angesehen wird:

1. Das Problem hängt mit dem Raum zusammen, von wo aus Klient:innen die Beratung in Anspruch nehmen, oder das Problem wird durch das synchrone virtuelle Setting verstärkt.
2. Das Sicherheitsempfinden von Fachkräften oder zu beratenden Personen ist durch das Setting beeinträchtigt.
3. Die Komplexität des Problems wird durch das Beratungsformat zusätzlich erhöht.

Teil B

7. Das Digiberth-Training im Überblick

Im zweiten Teil des Buches nehmen wir das Gesprächsführungstraining Digiberth in den Fokus. Wir erinnern dafür zunächst noch einmal an die fünf Schritte hin zu einer synchronen virtuellen Beratung, die wir im ersten Teil des Buches ausführlich erläutert haben. Während die Schritte 1 bis 3 als vorbereitend zu verstehen sind, handelt es sich beim vierten Schritt um die Durchführung des eigentlichen Gesprächs. Für den Schritt 4 ist das Gesprächsführungstraining konzipiert. Gehen wir gedanklich die Schritte eins bis drei im Schnelldurchlauf ab:

1. Eine Beratung wird gebraucht.
2. Eine Beratung wird geplant.
3. Eine Beratung wird vorbereitet.

Nach der erfolgreichen Umsetzung der ersten drei Schritte kann nun Schritt 4 „Eine Beratung wird durchgeführt“ erfolgen. Vielleicht nehmen Sie sich noch einmal die **Checkliste** zum vierten Schritt zur Hand, um die wichtigsten Aspekte zu vergegenwärtigen, die wir im ersten Teil des Buches ausführlich erläutert haben. Das Gesprächsführungstraining beginnt mit einigen Überlegungen vorab, die in praktische Anregungen münden. Die Vorüberlegungen beziehen sich auf das Einrichten des sichtbaren Bereichs der Kamera bei der Verwendung videogestützter Kommunikation mit einigen Gedanken zur Auswahl angemessener Kleidung. Zu den Überlegungen vorab gehören Besonderheiten in der Blicksteuerung und die Rollenerweiterung, die für Fachkräfte nötig wird (Abb. 8).

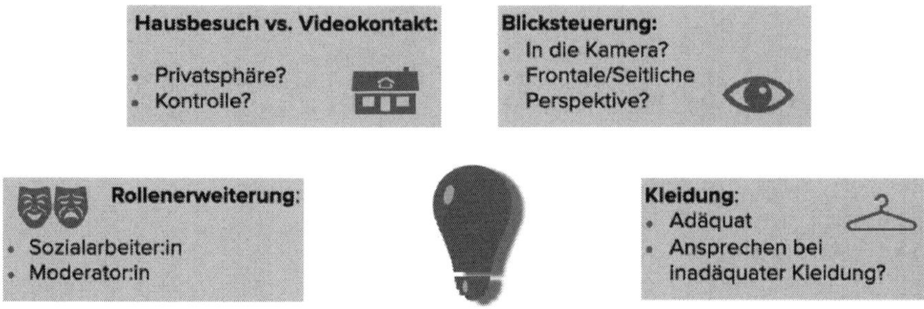

Abbildung 8: Synchrone virtuelle Beratung – Überlegungen vorab, eigene Darstellung

Wir zeigen im Folgenden, welche praktischen Anregungen sich aus den einzelnen Vorüberlegungen ergeben.

7.1. Der virtuelle Raum – Hausbesuche versus Videokontakt

Es ist wichtig, sich zu vergegenwärtigen, dass mit der Videokommunikation ein Einblick in einen persönlichen Bereich gewährt wird, vor allem wenn die Videokonferenz zu Hause beziehungsweise im Homeoffice abgehalten wird – wir haben den Punkt im ersten Teil des Buches bereits erörtert. Für die praktische Umsetzung eines videogestützten synchronen virtuellen Beratungsgesprächs sind für Fachkräfte folgende Fragen hilfreich, um den sichtbaren Bereich der Kamera vorzubereiten:

1. Welcher Ausschnitt des Raumes soll auf dem Monitor zu sehen sein?
2. Wie viel Hintergrund soll zu sehen sein?
3. Was könnte am Hintergrund irritieren oder ablenken?
4. Soll ein virtueller Hintergrundfilter verwendet werden?
5. Wie viel des Bildausschnittes soll das eigene Gesicht zeigen?

Beginnen wir bei der Beantwortung mit der letzten Frage. Um der zu beratenden Person mehr Informationskanäle zur Verfügung zu stellen, ist es nützlich, nicht nur das Gesicht, sondern auch einen Teil des Oberkörpers und vor allem die Arme und Hände ins Bild zu bringen, sodass die Beratung in Anspruch nehmende Person neben der Mimik auch aus der Gestik Informationen entnehmen kann. Für die Fragen nach dem sichtbaren Hintergrund ist zu überlegen, was der Bildausschnitt über die Fachkraft erzählt. Gegenstände, die sich im Kameraausschnitt befinden, tragen sprichwörtlich zum Bild bei, das sich die gesprächsbeteiligten Personen über die Fachkraft machen. Es ist bewusst zu überlegen und zu entscheiden, ob Hinweise auf Hobbys, Personen aus dem Umfeld der Fachkraft oder Interessen erkenntlich sein sollen, und wenn ja, in welchem Ausmaß. Befindet sich im Hintergrund bspw. ein Bücherregal, tragen auch erkennbare Buchtitel zu dem Eindruck bei, der den anderen Personen vermittelt wird. Bei der Einstellung des sichtbaren Bereichs der Kamera sollte zusätzlich zu den gestalterischen Überlegungen die Entfernung zum Computer mitbedacht werden. Die Tastatur sollte noch bequem zu bedienen sein.

Während die Fachkraft einen Einblick in ihren Raum gewährt, blickt sie gleichzeitig in den privaten Bereich der zu beratenden Person. Für Fachkräfte ist dies eine Informationsquelle, die bei Face-to-Face-Settings in einer Beratungsstelle verborgen bleibt. Es gibt nicht wenige Felder der psychosozialen Unterstützung, die konzeptionell keine aufsuchende Arbeit vorsehen. Vergegenwärtigen Sie sich einen Augenblick, in welchem Bereich Sie tätig sind, indem Sie sich folgende Frage stellen: Sind Hausbesuche oder aufsuchende Arbeit abseits von videogestützten Gesprächsformaten ein Bestandteil Ihres Beratungskonzepts? Wenn das Aufsuchen der Klient:innen ohnehin ein Bestandteil des psychosozialen Unterstützungsangebots ist, dann kann das „Einblicknehmen" über videogestützte Kommunikation konzeptionell gut mit eingebettet werden. Wurde abseits der synchronen virtuellen Beratungsformate bislang nicht aufsuchend gearbeitet, so ist der Umgang mit den Informationen über private Räume der Klient:innen zu überlegen. Vielleicht haben Sie schon erlebt, dass der Einblick in den privaten Raum einer Person, die Sie beraten, überrascht hat, weil es dort ordentlicher oder unordentlicher aussah als angenommen, weil Sie Hinweise auf Hobbys, Haustiere oder Interessen erkannt haben, die Sie so nicht erwartet hätten, usw. Diese Informationen, die sich quasi ungefragt in den Beratungsprozess drängen, weil wir sie einfach sehen, müssen in das Fallverständnis der Fachkräfte integriert werden. Es ist zu entscheiden, ob eine konkrete Bezugnahme hilfreich oder eher irritierend für die Bearbeitung des Anliegens wäre.

7.2. Die Kleidung

Ein Punkt, den wir im Zusammenhang mit videogestützter Kommunikation bislang noch nicht berücksichtigt haben, betrifft die Kleidung der gesprächsbeteiligten Personen. Bei dieser Art der Gesprächsführung befindet sich zumeist nur ein Teil im sichtbaren Bereich der Kamera. Es ist nachvollziehbar, dass sich die Sorgfalt in Bezug auf die Kleidung vor allem auf diesen Kameraausschnitt fokussiert. Dennoch sollte die Kleidung von allen gesprächsbeteiligten Personen so gewählt werden, also ob das Gespräch in einem Face-to-Face-Setting stattfinden würde. Warum? Unsere Kleidung beeinflusst unser Verhalten im Gespräch. Wenn sich die Personen für eine Beratung umziehen, so, als ob sie außer Haus gehen würden, spiegelt dies im übertragenen Sinne auch den Weg in ein Gespräch wider. Es unterstützt die gedankliche Vorbereitung und die Haltung in Bezug auf die bevorstehende Begegnung im virtuellen Raum. Diese Haltung sollte wertschätzend, respektvoll und aufmerksam sein. Das ist nicht umsetzbar, wenn nur im Sichtbereich der Kamera Kleidung getragen wird, die das Gegenüber sehen darf. Außerdem werden mit dem Wissen, adäquat gekleidet zu sein, Unsicherheiten gemindert. Solche Irritationen stellen sich rasch ein, wenn während des Beratungsgesprächs unvorhergesehene Ereignisse auftreten. Läutet es bspw. plötzlich an der Tür und eine Person muss aufstehen, werden eventuell Bereiche sichtbar, die eigentlich nicht gezeigt werden sollen. Den geplanten sichtbaren Bereich der Kamera zu verlassen, kann in diesem Beispiel wesentlich entspannter erfolgen, wenn die Kleidung von Kopf bis Fuß so ist, dass kein Körperteil verborgen werden muss, weil dort möglicherweise noch eine Pyjamahose zu sehen wäre.

Ähnlich wie auf angemessene Kleidung ist auch auf den Namen des Profilaccounts zu achten. Wählen Sie einen angemessenen Namen. Ähnlich wie bei Ihrer E-Mail-Adresse sollte dieser aus Ihrem Vor- und Nachnamen bestehen. Die Fachkraft schreibt möglichst auch den Namen der Beratungsstelle dazu. Zusätzlich sollten das Profilbild und die Beschreibung, die die beratende Person über sich preisgibt, angemessen sein.

7.3. Der Blickkontakt – Blicksteuerung

Die Aufnahme und das Halten des Blickkontakts sind in Face-to-Face-Settings wichtige Mittel, um eine Arbeitsbeziehung zur beratungssuchenden Person aufzubauen. Per Videokommunikation ist es derzeit technisch (noch) nicht möglich, sich direkt anzuschauen. Für videogestützte Kommunikation haben wir daher in Kapitel 4 („Besonderheiten synchroner virtueller Kommunikation") bereits empfohlen, den Blick abwechselnd in die Kamera und auf den Bildschirm zu richten, um so dem Gegenüber am besten eine aktive Blicksteuerung zu signalisieren.

Hilfreich ist es, die Kamera auf Augenhöhe aufzustellen. Dadurch wird sichergestellt, dass die beratende Person nicht zum Gegenüber hinauf- oder auf die Person herabschaut. Durch einen solchen Effekt würde unfreiwillig eine Hierarchie suggeriert, die den Gesprächsverlauf beeinflussen könnte. Es wird empfohlen, sich während des Gespräches aufrecht hinzusetzen. Dabei vermittelt ein Hinneigen zur Kamera mehr Interesse als Sich-nach-hinten-Lehnen. Werden während des Gesprächs die Hände auf einem Tisch oder auf Stuhllehnen im sichtbaren Bereich der Kamera abgelegt, wird ebenfalls der Eindruck einer aktiven Gesprächsbeteiligung unterstützt. In einer solchen Position kann das Gesagte leicht mit den passenden Gesten unterstrichen und vom Gegenüber gut wahrgenommen werden.

7.4. Rollenerweiterung

Die Besonderheiten des synchronen virtuellen Settings erfordern für die Durchführung einer psychosozialen Beratung eine Rollenerweiterung seitens der Fachkraft. Wir haben im Kapitel 4 („Besonderheiten synchroner virtueller Kommunikation") bereits darauf verwiesen. Neben der Bearbeitung der psychosozialen Anliegen der Klient:innen müssen Effekte der Kanalreduktion, die sich durch das spezielle Setting der Beratung ergeben, kompensiert werden. Dies geschieht durch eine Moderation, die durch die psychosozial beratenden Fachkräfte übernommen werden muss. Moderierende Aufgaben werden in der Regel sprachlich vermittelt, d. h. verbal umgesetzt. Zu den Moderationsaufgaben gehört vor allem das Kommentieren von Handlungen, die für die zu beratende Person nicht sichtbar sind, da sie außerhalb des wahrnehmbaren Bereichs passieren. Überlegen Sie vor der Durchführung einer synchronen virtuellen Beratung, welche Handlungen außerhalb des wahrnehmbaren Bereichs Ihres Gegenübers ablaufen werden. So können bereits geeignete moderierende Phrasen formuliert und erprobt werden (✍ **T 5**). Anschließend haben wir exemplarisch einige Situationen zusammengetragen, die eine moderierende Begleitung erfordern. Die Liste ließe sich aber beliebig erweitern.

- Verwendung eines zweiten Bildschirms, auf den immer wieder geschaut werden muss
- Das Öffnen von Dateien auf dem eigenen Bildschirm, die das Gegenüber nicht einsehen kann
- Das Anfertigen von Notizen außerhalb des sichtbaren Bereichs der Videokamera
- Denkpausen
- Fragen zur Handhabung des Kommunikationstechnik
- Technische Störungen
- Personen, die sich außerhalb des wahrnehmbaren Bereichs aufhalten oder diesen während des Gesprächs betreten
- Usw.

Beenden wir an dieser Stelle die Vorüberlegungen mit dem Wissen, dass diese sicherlich nicht vollständig sind, aber zumindest wesentliche Punkte darstellen. Nach der gedanklichen und praktischen Vorbereitung erfolgt im nächsten Kapitel die Darstellung des eigentlichen Beratungsgesprächs.

7.5. Gesprächsphasen im synchronen virtuellen Setting

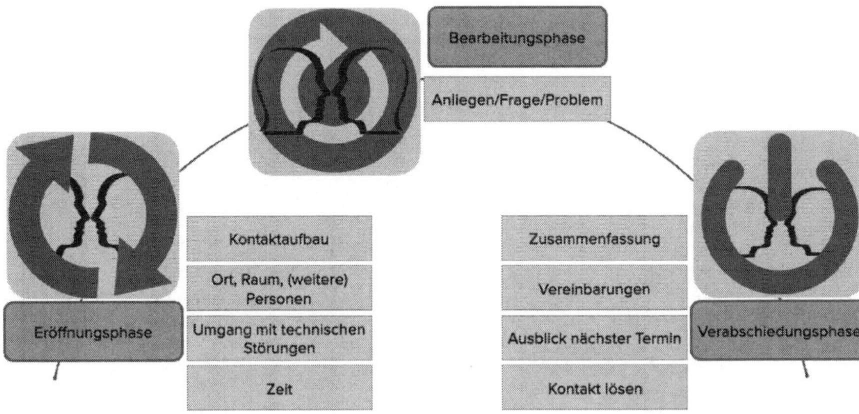

Abbildung 9: Gesprächsverlauf im Gesamtüberblick, eigene Darstellung

Für das Gesprächsführungstraining Digiberth definieren wir drei Gesprächsphasen: Eröffnungsphase – Bearbeitungsphase – Verabschiedungsphase. Jede Gesprächsphase ist durch unterschiedliche inhaltliche Schwerpunkte geprägt, die ein professionelles Beratungsgespräch auszeichnen. Durch die Besonderheit des synchronen virtuellen Settings besteht jede Gesprächsphase aus moderierenden und beratenden Aktivitäten. Wir stellen die einzelnen Gesprächsphasen anschließend detailliert dar. Unterstützend finden sich Dialogsequenzen, die vor allem moderierende Gesprächspassagen beispielhaft zeigen.

7.5.1. Eröffnungsphase

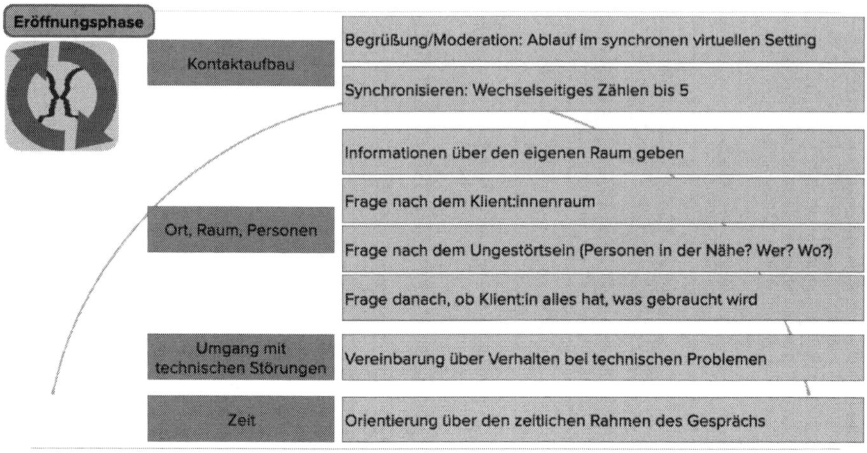

Abbildung 10: Eröffnung, Detailansicht aus Gesprächsverlauf im Gesamtüberblick, eigene Darstellung

Eine synchrone virtuelle Beratung wird mittels Kommunikationstechnik umgesetzt. Besonders ist der abrupte Beginn des Kontaktes mit dem Einschalten der Kommunikationstechnik. Ab diesem Zeitpunkt befinden wir uns in der Eröffnungsphase des Beratungsgesprächs und im in der psychosozialen Beratung so wichtigen Aufbau einer tragfähigen Arbeitsbeziehung. Damit diese etabliert werden kann, finden in der Eröffnungsphase unterschiedliche Aktionen statt, die von der Fachkraft bewusst gesteuert werden. Insgesamt besteht die Eröffnungsphase aus vier Schwerpunkten:

- Kontaktaufbau
- Ort-/Raum-/Personenbezug
- Umgang mit technischen Störungen
- Zeitliche Orientierung

7.5.1.1. Kontaktaufbau

Vergegenwärtigen wir uns zunächst noch einmal Gesprächssituationen im Face-to-Face-Setting. Die Begrüßung durch Händeschütteln, das Hereinbitten und Platz-Anbieten sind Rituale, die den Beginn eines Gesprächs signalisieren. Beide Gesprächspersonen haben während dieser ritualisierten Abläufe Zeit, sich innerlich auf das Gespräch einzustimmen. Zugleich markieren diese Rituale und Routinen deutlich den Beginn des Beratungsgesprächs. Fachkräfte nutzen diese Abläufe, um die Situation zu strukturieren und einen sicheren Rahmen für das Gespräch zu schaffen. Mit dem Befolgen der Rituale wird dem Gegenüber die volle Aufmerksamkeit angezeigt. In synchronen virtuellen Settings braucht es ebenfalls eine solche Sequenz innerhalb eines Beratungsgesprächs, die den Beginn der Beratung verdeutlicht, dem Gegenüber die Aufmerksamkeit zusichert und durch einen ritualisierten Einsatz Sicherheit und Struktur für das Gespräch schafft.

Fachkräfte sind zu Beginn vor allem in einer moderierenden Rolle gefordert. In der Begrüßungssequenz wird noch einmal auf das besondere Setting orientiert. Dazu gehört das verbale Eingehen auf den ersten Eindruck, den die Beratung in Anspruch nehmende Person in Bezug auf den Raum vermittelt, in dem sie sich befindet.

Die Schlüsselfrage wäre hier: Wie wirkt die Beratung in Anspruch nehmende Person in ihrem Beratungsraum?

Die Fachkraft spricht diesen Eindruck konkret an. Bspw. kann gesagt werden:

Beispiel für sprachliche Wendungen zum ersten Eindruck

Fachkraft: „Ich sehe Sie in Ihrer vertrauten Umgebung und habe den Eindruck, dass Sie das entspannt in unser Gespräch starten lässt."

Oder:

Fachkraft: „Ich bemerke, Sie sind noch ganz mit dem Aktivieren der Technik befasst. Was brauchen Sie von mir, damit Sie sich gut auf den Beginn unseres Gesprächs einstimmen können?"

Anschließend kann noch einmal daran erinnert werden, was die Gründe für das virtuelle synchrone Setting waren. Beispielsweise war eine Mobilitätserleichterung ausschlaggebend. Je nach dem Sicherheitsbedürfnis der zu beratenden Person kann es hilfreich sein, daran zu erinnern, dass das synchrone virtuelle Setting nicht zur Kontrolle der beratungssuchenden Person gewählt wurde. Die beratende Person kann dazu erläutern:

Beispiel für sprachliche Wendungen zum Beratungsformat

Fachkraft: „Ich erinnere an unsere Vereinbarung, dass wir uns für das synchrone virtuelle Setting entschieden haben, da es eine Wegersparnis für uns beide bedeutet. Unser Gespräch ist freiwillig. Ich unterliege der Verschwiegenheit. Sowohl die Inhalte unseres Gespräches als auch die Eindrücke aus dem Kameraausschnitt, den Sie mir zeigen, dürfen von meiner Seite nicht weitergetragen werden."

Während eines synchronen virtuellen Beratungsgesprächs ist ein unverkennbares Ritual hilfreich, das allen gesprächsbeteiligten Personen anzeigt, dass das Gespräch nun beginnt. Die in den Kommunikationsprozess involvierten Personen versichern sich ihrer wechselseitigen Aufmerksamkeit. Im synchronen virtuellen Setting ist das ungestörte Zuhören auch von dem Funktionieren der Technik abhängig. Wir schlagen einen sog. Synchronisationsschritt vor, der sowohl den Beginn des Gespräches deutlich markiert, als auch parallel dazu einen Technikcheck darstellt. Das Synchronisieren entspricht in etwa einem virtuellen Händeschütteln und anschließendem Platznehmen. Das Synchronisieren (✍ **T 4**) sollte aus einfach zu verstehenden Handlungen bestehen, die leicht und ohne vorherige Aufwendungen umgesetzt werden können. Wir schlagen ein wechselseitiges Zählen bis fünf vor. Sprachlich kann der Synchronisationsschritt so von der Fachkraft formuliert werden:

Beispiel für sprachliche Wendungen zum Synchronisieren

Fachkraft: „Nachdem wir nun das Zustandekommen unseres heutigen Zusammentreffens noch einmal gemeinsam erinnert haben, würde ich gern mit dem Gespräch beginnen. Dazu machen wir einen kleinen Technikcheck, um sicherzugehen, dass wir uns gut sehen und hören können. Ich schlage vor, wir zählen dazu wechselseitig bis fünf. Ich beginne mit „Eins."

Klient:in: „Zwei."

Fachkraft: „Drei."

Klient:in: „Vier."

Fachkraft: „Fünf. Dankeschön. Das funktioniert. Ich kann Sie gut sehen und hören."

Sollten hier technische Störungen bemerkt werden, können diese noch vor der eigentlichen Bearbeitungsphase behoben werden. Es ist uns wichtig zu betonen, dass auch andere Rituale geeignet sind, den Gesprächsbeginn in einem synchronen virtuellen Setting zu markieren. Es muss also nicht immer mit einem „Einzählen" gearbeitet werden. Orientieren Sie sich an den Bedarfen und Voraussetzungen Ihrer Klient:innen, um ein geeignetes Ritual zu etablieren. Wir möchten zusätzlich an dieser Stelle vermerken, dass ein automatisiertes Befolgen des „Einzählens" nicht von uns empfohlen wird. Wenn nach dem ersten Eindruck offensichtlich wird, dass sich Ihr Gegenüber in einer krisenhaften Stimmung befindet, dann steht die Stabilisierung und Bearbeitung des Anliegens im Vordergrund und von ritualisierten Abläufen muss notwendigerweise abgewichen werden.

In der Rolle der Moderation informiert die Fachkraft die zu beratende Person über den Ablauf des Gesprächs. Sie erklärt, dass sich die gesprächsbeteiligten Personen bereits in der Eröffnungsphase befinden, wo noch der Rahmen des synchronen virtuellen Settings besprochen wird. Danach ist für die Bearbeitungsphase der Hauptteil der Gesprächszeit geplant. Zuletzt wird auf die Verabschiedungsphase verwiesen. Neben der Moderation setzt die Fachkraft bereits die Aktionen auf der ersten Ebene des Mehr-Ebenen-Beratungsmodells (Pauls & Reicherts, 2013, S. 66) um. Darauf sind wir bereits in Kapitel 3 („Elemente psychosozialer Beratung") näher eingegangen. Die Fachkraft setzt elementare interaktionale Aktionen um. Das bedeutet: Sie stellt das Setting her und wendet sich aufmerksam der zu beratenden Person zu. Dabei achtet sie auf ihre Blicksteuerung und das aktive Zuhören. Der Abschluss des Kontaktaufbaus kann bspw. so versprachlicht werden:

Beispiel sprachliche Wendungen zum Abschluss des Kontaktaufbaus

Fachkraft: „Wir befinden uns bereits im Beginn unseres Gesprächs, wo ich zunächst noch einen kleinen Überblick über den Ablauf geben möchte. Zunächst klären wir noch einige Rahmenbedingungen, bevor wir uns dann Ihrem Anliegen von heute zuwenden. Dafür ist die meiste Zeit unseres Gesprächs eingeplant. In ca. 45 Minuten werden wir uns dann wieder verabschieden."

Die beratende Person achtet während des gesamten Gesprächs darauf, dass jedes Handeln außerhalb des Bildausschnittes und jede mögliche Irritation versprachlicht wird. So werden die Gestaltung einer empathischen und wertschätzenden Arbeitsbeziehung und das Vermitteln von Sicherheit gefördert. Im synchronen virtuellen Setting ist nach dem Kontaktaufbau das Ansprechen der jeweiligen Räume und der Personen, die sich in und neben diesen Räumen befinden, notwendig.

7.5.1.2. Ort-/ Raum-/Personenbezug

In Face-to-Face-Settings gibt es in einem Gespräch zumeist eine gemeinsame Orientierungsphase über den Beratungsraum. Es werden vielleicht Bemerkungen über die Zimmerausstattung ausgetauscht, über die Lage und Größe des Raumes etc. Alle Personen, die sich in einem Raum befinden, haben prinzipiell eine ähnliche Informationsgrundlage über den Ort, den Beratungsraum und anwesende Personen oder können diese im Gespräch schaffen. Während einer synchronen virtuellen Beratung befinden sich die Gesprächspartner:innen aber bekanntermaßen in physisch getrennten Räumen. Für jede am Gespräch beteiligte Person ist maximal ein Ausschnitt des Raumes zu sehen, in dem sich das Gegenüber befindet. Wird nur auditiv kommuniziert, gibt es keinen bildlichen Eindruck des Raumes, in dem sich die andere Person während des Gesprächs aufhält. Für eine gemeinsame Gesprächsgrundlage ist es aber wichtig, sich im synchronen virtuellen Setting zu Beginn des Gesprächs über den Raum, in dem sich die Personen während der Beratung befinden, zu orientieren. Dies dient vor allem der Herstellung eines grundlegenden persönlichen Sicherheitsempfindens im Beratungsraum. Klarheit über die An- oder Abwesenheit anderer Personen ist essenziell, um Transparenz darüber herzustellen, wer das Gespräch mithören oder das Beratungsgeschehen unterbrechen könnte. Um zu verdeutlichen, weshalb die Klarheit über die An- oder Abwesenheit anderer Personen vor Ort so wichtig ist, stellen Sie sich Situationen vor, wo das Beratungsanliegen direkt mit Personen zusammenhängt, die sich am selben Ort aufhalten wie die Beratung in Anspruch nehmende Person. Das können bspw. Jugendliche sein, die Probleme mit ihren Eltern haben, aber noch im selben Haushalt leben. Die Möglichkeiten, sich über die Anliegen auszutauschen, sind unterschiedlich, je nachdem, ob die Eltern während des Beratungsgesprächs in der Wohnung im Nachbarzimmer anwesend sind oder nicht. Die Fachkraft muss sich zu Beginn des Gespräches darüber eine Orientierung verschaffen, um beurteilen zu können, warum es der Unterstützung suchenden Person möglicherweise nicht leichtfällt, bestimmte Anliegen anzusprechen. Es bedeutet einen grundlegenden Unterschied in der Wahl der Beratungsstrategien, ob eine Person ihr Anliegen nicht äußern kann, weil sie die Fähigkeiten dazu nicht hat oder weil sie befürchtet, dass das Gespräch im Nachbarzimmer mitgehört werden könnte.

Die Informationen zum Beratungsraum können nur sprachlich vermittelt werden. Das stellt Klient:innen und Fachkräfte vor die Herausforderung, geeignete sprachliche Formulierungen dafür zu finden. Um den Klient:innen diesen Schritt zu erleichtern, erklärt zunächst die beratende Person, wo sie sich aktuell befindet. Die Fachkraft stellt den Beratungsort und den Raum, von dem aus sie die Beratung durchführt, vor. Zusätzlich weist sie darauf hin, dass bzw. ob sie während der Beratungszeit ungestört sein wird.

Beispiel sprachliche Wendung zur Orientierung über Ort, Raum und andere Personen

Fachkraft: „Ich bin Beraterin der X-Beratungsstelle und schalte mich heute direkt von der Beratungsstelle zu. Der Raum, in dem ich mich gerade befinde, ist für die Dauer unseres Gesprächs reserviert. Das heißt, meine Kolleg:innen wissen darüber Bescheid, dass uns der Raum in der nächsten Stunde zur Verfügung steht. Sie werden uns also nicht unterbrechen."

Oder:

Fachkraft: „Ich bin Beraterin der X-Beratungsstelle und schalte mich heute aus dem Homeoffice zu. Ich sitze in meinem Arbeitszimmer am Schreibtisch. Es sind keine anderen Personen in meiner Wohnung anwesend, sodass ich für die vereinbarte Gesprächszeit ungestört bin."

Anschließend fragt die Fachkraft die zu beratende Person, wo diese sich aktuell aufhält und wer noch in der Nähe ist:

Beispiel sprachliche Wendung zur Frage nach dem Klient:innenraum

Fachkraft: „Wie ist es heute bei Ihnen? Von wo schalten Sie sich zu? Sind Sie für die Dauer des Gesprächs ungestört?"

Oder:

Fachkraft: „Welches Zimmer haben Sie heute für unser Gespräch gefunden? Sind Sie für die Dauer des Gesprächs ungestört?"

Nicht selten haben zu beratende Personen einen enormen Aufwand betrieben, um bspw. einen besseren Internetempfang zu haben. Sie fragen, ob sie das Zimmer einer WG-Kollegin nützen können, das Arbeitszimmer der Eltern oder die Wohnung von Freund:innen einige Straßen weiter. Dieser Aufwand wird von der Fachkraft honoriert, indem sie ggf. nachfragt, wie die zu beratende Person ihren Beratungsraum gefunden hat.

Durch das aktive Einholen der Informationen über Ort, Raum und andere Personen hat die Fachkraft die Möglichkeit, abzuschätzen, in welcher Tiefe und Intensität ein Gespräch möglich wird. Die Fachkraft kann sich zusätzlich danach erkundigen, ob die zu beratende Person während des Gespräches Aufsichts- oder Betreuungspflichten hat. Sie kann bspw. fragen:

Beispiel sprachliche Wendung Aufsichtspflichten

Fachkraft: „Haben Sie während unseres Gesprächs weitere Pflichten zu erfüllen, wie die Betreuung von Kindern (Haustieren, pflegebedürftigen Personen)?"

Ein möglicher Grund, warum die zu beratende Person in einem synchronen virtuellen Setting beraten werden möchte, ist die Pflege einer:eines Angehörigen, die ihr nicht ermöglicht, persönlich in die Beratungsstelle zu kommen. Eventuell sind auch während der Beratung Kinder im Nebenraum, die zwischendurch beaufsichtigt werden müssen oder in den Raum kommen, um etwas zu fragen. Möglicherweise liegt ein Babyphone neben dem Computer. Es sollten alle am Gespräch beteiligten Personen informiert sein, dass bei Bedarf nach den Kindern gesehen werden muss. Manchmal wird kratzenden Tierpfoten an der Tür nachgegeben und ein beruhigtes Tier legt sich in den sichtbaren Bereich der Kamera.

Um zu vermeiden, dass das Gespräch unterbrochen werden muss, weil z. B. für das Gespräch notwendige Unterlagen fehlen, wird abschließend bei dieser Gesprächssequenz von der Fachkraft gefragt, ob die zu beratende Person alles Notwendige am Platz zur Verfügung hat. Das kann ein Glas Wasser oder eine Packung Taschentücher bedeuten, die in einem Face-to-Face-Setting zur Grundausstattung vieler Beratungsräume gehören. Die Fachkraft fragt, ob ihr Gegenüber bereit ist für die Beratung. Dazu kann bspw. gesagt werden:

Bespiel sprachliche Wendung zur Frage nach notwendigen Utensilien

Fachkraft: „Sie haben sich einen Platz für unser heutiges Gespräch eingerichtet. Haben Sie alles Notwendige in Griffnähe? Benötigen Sie noch ein Glas Wasser oder Ähnliches?“

Nachdem die Fachkraft Ort, Raum und mögliche Störungen durch Personen angesprochen und überprüft hat, spricht sie die Vorgehensweise bei unvorhersehbaren, bspw. technischen, Störungen an.

7.5.1.3. Umgang mit technischen Störungen

Bereits in der Eröffnungsphase des Gesprächs muss darüber informiert werden, wie bei technischen Störungen verfahren wird. Es ist nicht auszuschließen, dass die Kommunikation an einem Schlüsselpunkt des Gesprächs unterbrochen wird, etwa weil die Internetverbindung instabil ist. Eine solcher unvorhergesehener Gesprächsabriss verunsichert sowohl die Fachkraft als auch die Beratung in Anspruch nehmende Person vor allem dann, wenn keine Vereinbarung für den Umgang mit einer solchen Situation getroffen wurde. Den Faden der Problembearbeitung bei der Fortsetzung des Gesprächs wieder aufzunehmen ist leichter, wenn vor der Störung eine Regelung getroffen wurde, auf welche Weise die Kontaktaufnahme im Fall einer unvorhergesehenen Unterbrechung erfolgen wird. Es könnte bspw. geregelt werden, dass die Fachkraft die zu beratende Person telefonisch kontaktiert. In dem Fall wäre abzuklären, dass ein Telefon verfügbar und in Reichweite sowie die Telefonnummer aktuell ist.

Bei einem videogestützten Gespräch kann die Fachkraft bspw. Folgendes vereinbaren:

Beispiel sprachliche Wendung im Umgang mit technischen Störungen

Fachkraft: „Ich habe hier mein Handy (Fachkraft zeigt das Handy in die Kamera). Falls wir eine technische Störung haben, bleiben Sie bitte sitzen, ich rufe Sie umgehend an. Haben Sie Ihr Handy ebenfalls griffbereit? Eine technische Störung könnte sein, dass das Internet instabil wird, der Ton oder das Bild ausfällt. Falls ich während unseres Gesprächs eine Irritation diesbezüglich bemerke, werde ich Sie darauf hinweisen. Falls Sie eine technische Schwierigkeit haben und ich nicht darauf reagiere, bitte ich Sie, mich darauf hinzuweisen."

7.5.1.4. Zeitliche Orientierung

Die beratende Person kündigt nun an, wie lang das Gespräch dauern wird bzw. wie viel Zeit dafür zur Verfügung steht.

Beispiel sprachliche Wendung zur zeitlichen Orientierung

Fachkraft: „Wir haben nun 45 Minuten Zeit, um Ihr Anliegen zu besprechen. Ich werde auf die Zeit schauen und darauf achten, dass wir Ihre Themen in dieser Zeit gut unterbringen. Haben Sie ebenfalls die gesamte Zeit für unser Gespräch reserviert?"

Mit der Klärung des zeitlichen Rahmens schließt die Eröffnungsphase und die Bearbeitungsphase beginnt. Auch im Folgenden ist die Fachkraft gefordert, beratend und moderierend zu agieren. Jedoch kann ab hier die moderierende Funktion etwas zurückgenommen und auf die beratenden Aktionen fokussiert werden.

7.5.2. Bearbeitungsphase

Abbildung 11: Bearbeitungsphase, Detailansicht aus Gesprächsverlauf im Gesamtüberblick, eigene Darstellung

Die Fachkraft bewegt sich nun auf mehreren Ebenen des Mehr-Ebenen-Beratungsmodells (Pauls & Reicherts, 2013, S. 66). Sie bewegt sich flexibel, ähnlich einem Regler, von der elementaren interaktionalen Ebene hoch zu den Ebenen der einfachen und komplexen Aufgabenorientierung sowie der Bearbeitung systemisch-institutioneller Erfordernisse (vgl. Kapitel 3 „Elemente psychosozialer Beratung"). Entsprechend der fachlichen Spezialisierung und der zu bearbeitenden Problemstellung kommen unterschiedliche Beratungstechniken und Interventionen zum Einsatz. Aus unserer Sicht bietet das Mehr-Ebenen-Modell der Beratungskompetenzen (Pauls & Reicherts, 2013, S. 66) eine gute Vorlage für die Bearbeitungsphase eines synchronen virtuellen Beratungsgesprächs. Die Fachkraft setzt bspw. aufgabenorientierte Aktionen der dritten Ebene des Mehr-Ebenen-Modells um, indem sie informiert oder zu Handlungen anleitet. Sie führt komplexe aufgabenorientierte Aktionen der vierten Ebene durch, wie bspw. die emotionale Klärung von Fragestellungen. Die beratende Person exploriert, analysiert, entwickelt Lösungsansätze und vereinbart mögliche nächste Schritte. Ein partizipatives, dialogisches und reflexives Vorgehen ist im synchronen virtuellen Setting gut umsetzbar. Obwohl sich die Fachkraft vermehrt auf den ersten vier Ebenen bewegt, kann sie auch auf der fünften Ebene systemisch-institutionelle Aktionen umsetzen. Sie kann bspw. den Zugang zu weiterführenden Unterstützungsstellen vorbereiten, Vernetzungen anstoßen oder Angebote koordinieren.

Während der Problembearbeitung achtet die beratende Person darauf, dass sie sowohl die Valenz, d. h. den Leidensdruck der Unterstützung suchenden Person, als auch die Relevanz des eingebrachten Anliegens berücksichtigt. Sie nimmt eine mögliche Dissonanz wohlwollend wahr, verbalisiert ihre Beobachtungen und unterstützt bei der Klärung oder Bewältigung des dargestellten Problems. Wie bereits in Kapitel 3 („Elemente psychosozialer Beratung") ausgeführt, reflektiert die Fachkraft, wo sie sich in Bezug auf ihre Rollenelastizität bewegt. Sie berücksichtigt, welche Chancen sie im synchronen virtuellen Setting nutzen kann und möchte. Dazu gehört ebenfalls, sich zu vergegenwärtigen, ob das professionelle Handlungsrepertoire unter den gegebenen Umständen im synchronen virtuellen Setting zufriedenstellend ausgeschöpft werden kann. Fehlen hier Voraussetzungen, die auf der organisationalen Ebene geklärt werden müssen, sollten diese Bedarfe dokumentiert und entsprechend rückgemeldet werden. Gleichzeitig werden immer wieder Regulierungen der Rollengrenzen notwendig werden, die sich durch das spezielle Beratungssetting ergeben. Wir verdeutlichen dies an einem Beispiel: Eine Unterstützung suchende Person möchte die Fachkraft in sozialen Medien verlinken. Eine Abgrenzung könnte seitens der Fachkraft so versprachlicht werden:

Beispiel sprachliche Wendung zur Regulierung der professionellen Grenzen

Fachkraft: „Danke für Ihr Angebot, mich auf Ihrer Plattform zu verlinken. Es ist jedoch für unser Gespräch ausreichend, wenn wir uns über dieses Medium hier treffen."

Eventuell sieht die zu beratende Person die Eröffnungsphase als Einladung, den eigenen Raum sehr ausführlich und ausschweifend zu beschreiben. Die Fachkraft kann sich dafür bedanken und zum Thema zurückführen:

Beispiel für sprachliche Wendungen zur Grenzsetzung

Fachkraft: „Danke Ihnen für die Schilderung Ihrer aktuellen Einrichtungssituation. Nun möchte ich wieder auf das eigene Anliegen zurückkommen."

Mit einem sicheren Rollenverständnis kann die Fachkraft ihr Handlungsrepertoire umfassend ausschöpfen und ihren professionellen Handlungsspielraum erweitern. Die aktive Regulierung des professionellen Handlungsbereiches befördert so auch die Gestaltung tragfähiger Arbeitsbündnisse.

Nach der Bearbeitungsphase wird die Verabschiedungsphase eingeleitet. Am Übergang von Bearbeitungs- zu Verabschiedungsphase muss die Fachkraft die Beratung in Anspruch nehmende Person darüber in Kenntnis setzen, dass das Gespräch bald endet. Die Einleitung des Endes einer Beratungseinheit ist unabhängig vom Setting eine herausfordernde Aktivität. Wir können an dieser Stelle nicht ins Detail gehen, da dies den Rahmen dieses Buches sprengen würde. Je nach Beratungsanlass und -ziel sind vielfältige Aspekte zu beachten, um Klient:innen stabil und orientiert aus einem Gespräch zu entlassen. Unsere nachfolgende Betrachtung der Verabschiedungsphase erfolgt also beschränkt auf den Blickwinkel der Erfordernisse in einem synchronen virtuellen Setting.

7.5.3. Verabschiedungsphase

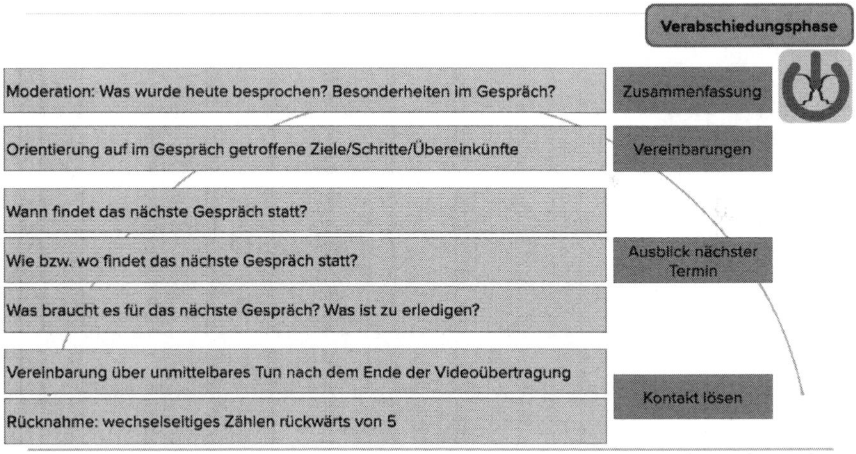

Abbildung 12: Gesprächsphase der Verabschiedung, eigene Darstellung

Die Verabschiedungsphase besteht schwerpunktmäßig aus vier Aspekten:

- Zusammenfassung geben
- Vereinbarungen treffen
- Ausblick auf den nächsten Termin geben
- Kontakt lösen

Während die Moderationsrolle in der Bearbeitungsphase in den Hintergrund rückt, steht sie in der Verabschiedungsphase wieder mehr im Vordergrund. Die Fachkraft achtet nochmals verstärkt darauf, Struktur und Orientierung zu geben. Sie trägt der Kanalreduktion Rechnung, indem sie in dieser Gesprächsphase auch die abschließenden Schritte sprachlich vermittelt.

Beispiel für sprachliche Wendungen zur Überleitung in die Verabschiedungsphase

Fachkraft: „Unser Gespräch neigt sich dem Ende zu. Ich würde gern die letzten Minuten nutzen, noch einmal die wesentlichen Punkte zusammenzufassen. Danach werden wir uns für heute verabschieden."

7.5.3.1. Zusammenfassung

Am Ende des Beratungsgesprächs ist die Fachkraft aufgefordert, den Gesprächsverlauf noch einmal zusammenzufassen und verbal zu verdeutlichen, was im eben stattgefundenen Gespräch wesentlich war. Das kann die Betonung eines erreichten Teilzieles oder Erfolgs sein. Auch das Vorkommen und der Umgang mit einer technischen Störung wäre hier passend. Wichtig ist, in der Verabschiedungsphase auf positive Aspekte des Gesprächs zu fokussieren, um die zu beratende Person in eine gute Atmosphäre zu entlassen. Denken Sie an unsere Erläuterungen zum *Recency Effect* und zur *Peak-end*-Regel (Kapitel 5 „Schritte zur psychosozialen Beratung im synchronen virtuellen Setting"), um sich zu vergegenwärtigen, warum die Gestaltung des Gesprächsendes so essenziell im Beratungsprozess ist. Die Fachkraft kann die Zusammenfassung bspw. so einleiten:

Beispiel für sprachliche Wendungen zur Zusammenfassung wesentlicher Aspekte

Fachkraft: „Unser heutiges Gespräch hatte die Eckpunkte …"

Oder:

Fachkraft: „Unser heutiges Gespräch war von einer technischen Störung betroffen, aber wir konnten es trotzdem fortsetzen. Wir konnten auch den Gesprächsfaden wieder aufnehmen und haben vor allem über diese Eckpunkte gesprochen: …"

7.5.3.2. Vereinbarungen

Mit der Intention, die Beratung in Anspruch nehmende Person stabil und orientiert zu entlassen, werden die wesentlichen Vereinbarungen der Beratungseinheit noch einmal genannt. Es ist wichtig darauf zu achten, dass hier keine neuen Fragen eröffnet oder Unsicherheiten hervorgerufen werden, weil die Beratungszeit zu Ende geht und eine Bearbeitung von offenen Punkten in der Verabschiedungsphase sehr schwierig ist. Die Fachkraft orientiert also so konkret wie möglich auf verabredete nächste Schritte, betont noch einmal Zuständigkeiten für die Erledigung oder versichert die Übernahme bestimmter Handlungen.

Beispiel für sprachliche Wendungen zur Benennung von Vereinbarungen

Fachkraft: „Unsere heutige Vereinbarung ist, dass ich noch einmal bei X anrufe. Außerdem schicke ich Ihnen die Formulare für Y noch heute per Mail zu. Bitte überprüfen wir noch einmal kurz, ob ich Ihre aktuelle E-Mail-Adresse habe."

Oder:

Fachkraft: „Wir vereinbaren also zum Schluss des Gesprächs heute, dass Sie noch einmal bei X anrufen und mir bei unserem nächsten Termin berichten, was Sie in Erfahrung bringen konnten."

7.5.3.3. Ausblick auf den nächsten Termin geben

Für den Beratungsprozess ist es wesentlich, deutlich zu kommunizieren, wann, wie und wo der nächste Termin stattfinden wird. Das betrifft sicherlich nicht nur Beratungen, die synchron virtuell abgehalten werden. Speziell für das hier behandelte Setting muss jedoch geklärt werden, in welchem Format der nächste Beratungstermin stattfinden wird: virtuell oder vor Ort in der Beratungsstelle. Darüber soll von der Fachkraft für alle gesprächsbeteiligten Personen Klarheit geschaffen werden. Im Rahmen von Kapitel 6 haben wir auf Einsatzmöglichkeiten und Grenzen der Beratung im synchronen virtuellen Setting verwiesen. Es ist von der Fachkraft je nach Verlauf des Beratungsanliegens und -prozesses zu beurteilen, ob die nachfolgenden Beratungseinheiten weiterhin in diesem Setting durchgeführt werden können. Ggf. muss ein Wechsel in ein Face-to-Face-Format erfolgen, wenn sich fallbezogene Entwicklungen feststellen lassen, für die das synchrone virtuelle Beraten als nicht (mehr) geeignet eingeschätzt wird.

Beispiel für sprachliche Wendungen zur Festlegung der Beratungsart

Fachkraft: „Bei unserem nächsten Gespräch treffen wir uns wieder in der Beratungsstelle."

Oder:

Fachkraft: „Bei unserem nächsten Gespräch treffen wir uns wieder virtuell. Die Zugangsdaten sind dieselben wie bei unserem heutigen Gespräch. Haben Sie die Zugangsdaten noch?"

7.5.3.4. Kontakt lösen

Ein kritischer Moment bei einer synchronen virtuellen Beratung ist, wenn nach einem Gespräch, in dem möglicherweise auch eine starke emotionale Beteiligung vorhanden war, die Kommunikation technisch bedingt abrupt beendet ist. Eine synchrone virtuelle Beratung wird gewissermaßen per Knopfdruck abgeschaltet. Hier dürfte die Problematik der räumlichen Trennung besonders spürbar werden. Die Aufmerksamkeit, die eben noch im gemeinsamen Gespräch gebunden war, wird plötzlich gelöst und wieder auf den Raum orientiert, in dem sich die Personen jeweils befinden. Im Unterschied zu Face-to-Face-Beratungen ist ein langsames Beenden des Gesprächs hier nicht möglich. Es gibt kein gemeinsames Aufstehen vom

Beratungstisch, kein Begleiten zur Tür, kein Umschauen beim Verlassen der Beratungsstelle, kein Händeschütteln, kein spontanes Umkehren und kein Stellen einer vergessenen Frage, wenn die Kommunikationstechnik abgeschaltet ist. Stattdessen befinden sich die Klient:innen mit dem Ende der synchronen virtuellen Beratung sofort wieder in ihrer alltäglichen Umgebung, die nicht selten ein Beratungsanlass ist. Daher ist aus unserer Sicht besondere Sorgfalt auf diesen Moment in der Beratung zu legen, der auch wieder sprachlich vermittelt werden muss. Wir empfehlen das Vereinbaren eines konkreten nächsten Schritts, über den sich die beiden Personen in der Verabschiedungsphase verständigen. Konkret fragt die Fachkraft danach, was die zu beratende Person als Nächstes machen wird, wenn die Verbindung beendet ist. Die Handlungen sollen so konkret wie möglich benannt werden.

Die Fachkraft erklärt zuerst, was sie selbst unmittelbar nach dem Ende der Videoübertragung tun wird, wie zum Beispiel:

Beispiel für sprachliche Wendungen zum Lösen des Kontakts

Fachkraft: „Wenn wir uns verabschiedet haben und der Monitor schwarz ist, werde ich aufstehen und mich strecken. Ich werde das Fenster öffnen und frische Luft ins Zimmer lassen. Was werden Sie machen, wenn das Gespräch beendet und der Monitor aus ist?"

Diese Vorgehensweise zeigt deutlich das Ende des Gespräches an und ermöglicht der Beratung in Anspruch nehmenden Person eine langsamere emotionale Distanzierung vom eben erarbeiteten Geschehen im Gespräch. Die Verbalisierung der nächsten Handlungen kann sogar den Transfer der Beratungserfolge in den Alltag der Klient:innen unterstützen. Für die Fachkraft ist außerdem eine Einschätzung möglich, wie stabil ihr Gegenüber nach dem Gespräch in ihren Alltag entlassen wird. Diese Rückmeldung ist für das Anknüpfen in einer neuen Beratungssequenz notwendig und hilfreich.

Das Ende der psychosozialen Beratung erfolgt im synchronen virtuellen Setting durch einen Kontaktabbau mit dem Lösen des Kontaktes. Vielleicht haben Sie auch schon erlebt, dass Sie unsicher waren, ob Sie nicht zu früh auf den Ausschaltknopf gedrückt haben, weil es im letzten

Augenblick noch so wirkte, also ob Ihr Gegenüber noch etwas hätte sagen wollen. Das ist sehr irritierend und verunsichernd. In psychosozialen Beratungen, wo schwierige und belastende Themen behandelt werden, können solche kleinen Irritationen zusätzliche Belastungen oder Sorgen auslösen. Dies ist vermeidbar, wenn ein Ritual etabliert wird, das deutlich das Abschalten der Kommunikationstechnik ankündigt. Dies ist äquivalent zum Händeschütteln, Begleiten zur Tür und Verlassen des Beratungsraumes bei Beratungen im Face-to-Face-Setting zu verstehen. Wir könnten auch sagen, es handelt sich um ein virtuelles Händeschütteln. Kennen Sie das Auszählen beim Beenden von Entspannungstechniken, das die Beteiligten darauf orientiert, dass die Übung gleich endet? Wir nutzen für das synchrone virtuelle Setting denselben Mechanismus. Die Fachkraft kündigt das Ende des Gespräches an und fordert die zu beratenden Person auf, sich nun darauf einzustellen, dass die Kommunikation nun gleich unterbrochen wird.

Beispiel für sprachliche Wendungen zum Ankündigen des Gesprächsendes

Fachkraft: „Wir sind nun für heute am Ende des Gesprächs angekommen. Gleich werden wir die Videoübertragung beenden und ich starte mit dem Auszählen: Fünf."

Klient:in: „Vier."

Fachkraft: „Drei."

Klient:in: „Zwei."

Fachkraft: „Eins. Auf Wiedersehen!" (Lächeln und Winken sind nette Begleiter in diesem Schritt.)

Direkt anschließend beendet die Fachkraft das Gespräch, indem die Kommunikationstechnik ausgeschaltet wird. Ist der Bildschirm schwarz, nimmt die Fachkraft die **Checkliste** zu Schritt 5 zur Hand, um das Beratungsgespräch nachzubereiten.

Ebenso wie beim Einzählen sei unsererseits die Bemerkung erlaubt, dass das Zählen auch durch das wechselseitige Aufsagen eines Sprichworts oder Ähnliches ersetzt werden kann. Wichtig ist hier, dass für beide Gesprächspartner:innen der Inhalt des Gesagten klar ist. Es sollte nicht zu Verwirrungen kommen, weil dann das Ende des Gespräches gestört wird, um die entstandene Verwirrung aufzulösen. Zählen eignet sich aufgrund seiner einfachen Struktur, der geringen sprachlichen Barriere und der Nachvollziehbarkeit gut für den Kontaktabbau. Wir empfehlen besonders die Elemente des Kontaktaufbaus, der Moderation und Orientierung sowie der Rücknahme sorgfältig einzusetzen. Sollte sich zu Beginn des Gespräches herausstellen, dass es sich um eine Intervention bspw. in einer akuten Krise handelt, dann ist das Vorgehen entsprechend anzupassen. Auf einzelne Elemente sollte dann verzichtet werden (z.B. das Synchronisieren). Die hier eingesetzten Techniken und Methoden sollten nicht unreflektiert eingefordert werden. Anderseits zeigt unsere Evaluierung des Digiberth-Trainings beim Einsatz in der psychosozialen Beratungspraxis, dass bei der Beachtung aller fünf Schritte in der Beratung im synchronen virtuellen Setting die professionelle Handlungssicherheit und der Einsatz des professionellen Handlungsrepertoires sowie die Qualität der Beratung deutlich gesteigert werden können.

8. Checklisten und Trainingsblätter

8.1. Checklisten

8.1.1. Schritt 1: Eine Beratung wird gebraucht.

Checkliste (✍ C1) zu Schritt 1: Eine Beratung wird gebraucht.

- Die Funktion der Kontaktaufnahme ist klar:
  - Es handelt sich um eine Aufnahme der Kontaktdaten für eine Face-to-Face-Beratung.
  - Ein *Blended-counselling*-Format wird angeboten: Es steht fest, ob das erste Gespräch synchron virtuell oder *face to face* stattfinden wird.
  - Die Beratung wird synchron virtuell stattfinden.
- Die Art der Kommunikation ist klar:
  - Es handelt sich um synchrone virtuelle Kommunikation ausschließlich per Schrifteingabe (z. B. Chat).
  - Es handelt sich um synchrone virtuelle Kommunikation ausschließlich über Audiokanäle (z. B. Telefonat).
  - Es handelt sich um synchrone virtuelle Kommunikation ausschließlich über audiovisuelle Kanäle (z. B. Videokonferenz).
- Alle für das Beratungsgespräch notwendigen Daten wurden übermittelt:
  - Es steht fest, wer die Informationsübermittlung seitens der Beratungsstelle durchführt.
  - Es ist festgelegt, wann die Informationsübermittlung stattfindet.
  - Es ist vereinbart, wie die Informationen übermittelt werden.
  - Es ist geklärt, welche Informationen übermittelt werden:
    - Datum
    - Uhrzeit
    - Geplante Dauer des Beratungsgesprächs
    - Verwendete technische Umsetzung (Welche App? Welche Software? Welcher Dienst kommt zum Einsatz?)
    - Art der Kommunikation (auditiv, visuell, audiovisuell)
    - Benötigte technische Ausstattung
    - Benötigte räumliche Ausstattung

  - Für die Beratung benötigte Gegenstände oder Unterlagen (analoge und digitale Dokumente, Papier, Stift)
  - Informationen zum Datenschutz

8.1.2. Schritt 2: Eine Beratung wird geplant.

Checkliste (✍ C2) zu Schritt 2: Eine Beratung wird geplant.

- Der Raum, von wo aus die synchrone virtuelle Beratung geführt wird, steht fest.
- Der Raum ist reserviert, sodass er ungestört genutzt werden kann.
- Der Raum ist angemessen ausgestattet:
  - Es gibt eine stabile Internetanbindung.
  - Es gibt eine angemessene technische Ausstattung.
  - Es gibt die Möglichkeit auf digitale Unterlagen zuzugreifen.
  - Es gibt eine angemessene Beleuchtung.
  - Es gibt einen Platz zur Ablage von Dokumenten oder Notizen.

8.1.3. Schritt 3: Eine Beratung wird vorbereitet.

Checkliste (✍ C3) zu Schritt 3: Eine Beratung wird vorbereitet.

- Der Beratungsraum ist bereit:
  - Der Raum ist für die Dauer der Beratung reserviert.
  - Es ist für andere Personen erkenntlich, dass der Raum benutzt wird und in der Beratungszeit nicht betreten werden soll.
  - Der Raum ist angenehm temperiert.
  - Der Raum ist gut ausgestattet.
- Der Beratungsplatz ist bereit:
  - Neben dem PC/Laptop liegen alle benötigten Utensilien: Stifte, Papier, Dokumente etc.
  - Am PC/Laptop sind nur jene Dokumente geöffnet, die während der Beratung gebraucht werden.
  - Die Technik wurde geprüft: Das Mikrofon, der Lautsprecher, die Kamera funktionieren.
  - Der Beratungsplatz ist angemessen beleuchtet.

  - Es wurden Vorbereitungen für eine Kontaktaufnahme im Fall einer technischen Störung getroffen: Ein (geladenes) Telefon sowie benötigte Telefonnummern sind griffbereit.
- Die Personen sind bereit für das Gespräch:
  - Eine Zeitspanne vor dem Beginn des Gesprächs wurde zum Einstimmen berücksichtigt.
  - Es gibt keine parallel zum Beratungsgespräch laufenden Verrichtungen oder Termine.
  - Die beratungsbezogenen Erwartungen wurden reflektiert.

8.1.4. Schritt 4: Eine Beratung wird durchgeführt.

Checkliste (✍ C4) zu Schritt 4: Eine Beratung wird durchgeführt.

- Es sind ausreichend sprachliche Kompetenzen für das Beratungsgespräch vorhanden.
- Es ist bekannt, dass das Beratungssetting sprachlich vermittelt hergestellt werden muss.
- Es sind Phrasen und Redewendungen zur sprachlichen Vermittlung des Beratungsgeschehens bekannt.
- Es ist bekannt, dass der Anfangs- und Endphase eines Beratungsgesprächs eine besondere Bedeutung zukommt.
- Die am Gespräch beteiligten Personen können mit der verwendeten Kommunikationstechnik gut umgehen.

8.1.5. Schritt 5: Eine Beratung wird nachbereitet.

Checkliste (✍ C5) zu Schritt 5: Eine Beratung wird nachbereitet.

- Ein Nachfolgetermin wurde vereinbart:
  - Das Setting für weiterführende Gespräche wurde auf der Grundlage der Einsatzmöglichkeiten und Grenzen für synchrone virtuelle Settings von der Fachkraft festgelegt.
  - Das Setting für weiterführende Gespräche wurde der Beratung in Anspruch nehmenden Person kommuniziert und eine gemeinsame Vereinbarung zum Format nachfolgender Gespräche wurde getroffen.

  - Der Termin sowie notwendige Zugangsdaten für das nachfolgende synchrone virtuelle Gespräch wurden der Beratung in Anspruch nehmenden Person übermittelt.
  - Der Beratungsraum wurde für den Folgetermin reserviert.
- Das Beratungsgespräch wurde dokumentiert:
  - Wesentliche Beratungsinhalte wurden festgehalten.
  - Technische Störungen und Auffälligkeiten im Gespräch wurden dokumentiert.
  - Die Prüfung der Eignung des Settings für das aktuelle Anliegen und der Entschluss, in welchem Format die zukünftigen Gespräche stattfinden sollen, sind in der Dokumentation vermerkt.
- Das Beratungszimmer ist für nachfolgende Gespräche vorbereitet:
  - Die technische Ausstattung ist komplett und funktionstüchtig.
  - Technische Störungen wurden gemeldet, sodass diese behoben werden können.
  - Technische Bedarfe, die während des Gesprächs festgestellt wurden, wurden ebenfalls gemeldet, sodass sie gedeckt werden können.

8.1.6. Gesprächsphasen im synchronen virtuellen Beratungsgespräch

Gesprächsphase	Aktionen	Checkpoints
Eröffnungsphase	Kontaktaufbau	Ersten Eindruck spiegeln Grund für die Wahl des Settings vergegenwärtigen Synchronisieren: wechselseitiges Zählen bis 5 Über geplanten Ablauf des Gesprächs orientieren
	Orientierung über Raum, Ort und weitere Personen geben	Informieren über den eigenen Raum Aktive Frage nach dem Klient:innenraum Aktive Frage nach dem Ungestörtsein Aktive Frage nach ggf. benötigten Utensilien
	Umgang mit technischen Störungen klären	Vereinbarung über Verhalten bei technischen Problemen
	Orientierung über die Zeit geben	Orientierung über zeitlichen Rahmen geben
Bearbeitungsphase	Explorieren, Zielvereinbarungen treffen, emotionales und sachliches Durcharbeiten des Anliegens, Veränderungsvereinbarungen treffen	
Verabschiedungsphase	Zusammenfassung anbieten	Moderierend: Besonderheiten im Gesprächsablauf benennen
	Vereinbarungen benennen	Auf getroffene Ziele, vereinbarte nächste Schritte und Übereinkünfte orientieren
	Ausblick auf den nächsten Termin geben	Wann? Wie? (online) Wo? (vor Ort)
	Kontakt lösen	Vereinbarung über das unmittelbare Tun nach dem Ende des Gesprächs treffen Rücknahme: wechselseitiges Zählen rückwärts von 5

8.2. Trainingsblätter

8.2.1. Professionelles Handlungsrepertoire (✍ T 1)

Welche Methoden und Techniken gehören zu Ihrem professionellen Handlungsrepertoire?

◎ ....

....

....

....

....

Für welche professionellen Handlungen finden Sie unterstützende Strukturen in Ihrer Organisation?	Für welche professionellen Handlungen bräuchten Sie organisationale Veränderungen?
👍	✋

8.2.2. Anerkennende Wertschätzung vermitteln (✍ T 2)

KPKA: Kontextbezogen – Personalisiert – Konkret – Authentisch

K **Kontextbezogen:**
Nehmen Sie Bezug auf die aktuelle Situation, den Anlass der wertschätzenden Äußerung. Was veranlasst Sie aktuell dazu?

P **Personalisiert:**
Verwenden Sie personalisierte Ausdrücke. Sprechen Sie die Person direkt an. Vermeiden Sie Verallgemeinerungen wie: „man" oder „So etwas ist gut".

K **Konkret:**
Benennen Sie den Aspekt, den Sie wertschätzen wollen, so genau wie möglich. Vermeiden Sie auch hier Verallgemeinerungen wie „Reden ist immer gut".

A **Authentisch:**
Seien Sie ehrlich in Ihrer Wertschätzung. Eine gezwungene Äußerung fällt auf und irritiert. Was genau erachten Sie in der Situation als wertvoll?

Situation: Person A hat es geschafft, zur heutigen Beratung alle geforderten Unterlagen für eine Beantragung einer Rundfunkgebührenbefreiung zu besorgen und mitzubringen. Formulieren Sie dafür eine Wertschätzung. Sprechen Sie diese zu Trainingszwecken laut aus.

Kontextbezogen: *Was veranlasst Sie zu Ihrer wertschätzenden Äußerung?*
Personalisiert: *Wie sprechen Sie Person A an?*
Konkret: *Was genau finden Sie bemerkenswert?*
Authentisch: *Was genau erachten Sie als wertvoll?*

Mögliche Formulierungen finden Sie unter Lösungen und Formulierungsvorschläge.

8.2.3. Einsatzmöglichkeiten und Grenzen der synchronen virtuellen Beratung (✍ T 3)

Reflektieren Sie für einen aktuellen Fall aus Ihrer Beratungspraxis:

1. Welche Aspekte treffen auf die Person zu, die Ihre Beratung in Anspruch nimmt?

◎ **Die Person kann aktiv an der Herstellung eines geeigneten Settings für eine synchrone virtuelle Beratung mitwirken.** [] Trifft zu. [] Trifft nicht zu.

➔ Woran erkennen Sie das? Benennen Sie Ihre Anhaltspunkte für Ihre Einschätzung so konkret wie möglich.

◎ **Die Person weist ein Mobilitätsverhalten auf, bei dem ein persönliches Erscheinen in der Beratungsstelle beschwerlich ist.** [] Trifft zu. [] Trifft nicht zu.

➔ Woran erkennen Sie das? Benennen Sie Ihre Anhaltspunkte für Ihre Einschätzung so konkret wie möglich.

◎ **Die Person wäre über analoge Kontaktmöglichkeiten nicht zu einer Beratung gekommen.** [] Trifft zu. [] Trifft nicht zu.

➔ Woran erkennen Sie das? Benennen Sie Ihre Anhaltspunkte für Ihre Einschätzung so konkret wie möglich.

2. Auf einer Skala von 0 bis 10: Wie komplex schätzen Sie die Problemlage der Person ein, die Ihre Beratung in Anspruch nimmt?

0 ——————————————————— 10

Nicht komplex — Sehr komplex

3. Was sind die wesentlichen Problemaspekte in Ihrem Fall und welche davon können aus Ihrer Sicht gut synchron virtuell bearbeitet werden?

Problemaspekt	Synchron virtuell bearbeitbar?	
	Eher ja	Eher nein

8.2.4. Synchronisieren (✍ T 4)

Welchen Synchronisierungsablauf haben Sie bereits ausprobiert?

◎ ....

....

....

....

....

Dies hat sich als Vorgehensweise bewährt:	Dies sollte in die Supervision eingebracht werden:
👍	✋

8.2.5. Sprachliche Vermittlung von Informationen bei Kanalreduktion (✍ T 5)

Betrachten Sie den Platz, wo Sie im Moment sitzen. Formulieren Sie eine Raumbeschreibung für jemanden, der Ihren Raum nicht sehen kann. Beginnen Sie mit:

„Ich sitze momentan …“

Stellen Sie sich nun folgende Situationen vor und formulieren Sie eine vermittelnde Phrase. Wir empfehlen, die Phrasen laut auszusprechen, um den Übungseffekt zu verstärken.

(1) Sie öffnen ein Dokument auf dem Bildschirm und suchen nach einer Information.

(2) Es klopft an der Tür und eine Kollegin schaut herein, um Sie etwas zu fragen.

(3) Sie schreiben auf einem Block mit, der im nicht einsehbaren Bereich der Kamera liegt.

(4) Sie bemerken eine instabile Internetverbindung bei sich und wollen dies mitteilen.

Mögliche Formulierungen finden Sie unter Lösungen und Formulierungsvorschläge.

Literatur

APP Lumoo (2022). *App Lumoo will Gesundheit von Senior:innen verbessern.* https://www.europaregion.org/themen/app-lumoo-will-gesundheit-von-seniorinnen-verbessern-1308.html

Balaouras, P., Birgisdóttir, B. J., Crepulja, M. L., Dores, A. R., Eisenreich, W., Drda-Kühn, K., Hudej, N., Köttner, H.-J., Schlenk, E., Sigurðardóttir, A., Silva, R. A & Stevanovic, A. (2018). *Therapy 2.0. Counselling and Therapeutic Interaction with Digital Natives. Leitfaden für Fachkräfte aus Beratung und Therapie zur Nutzung von Interventionen im Internet.* Creative Commons Attribution-NonCommercial-ShareAlike 4.0 International License. Projektnummer: 2016-1-DE02-KA202-003245.

Benesch, M. (2020). *Der Dialog in Beratung und Coaching.* Facultas.

Beranek, A., Hill, B. & Sagebiel J. (2019). *Digitalisierung und Soziale Arbeit – ein Diskursüberblick.* Springer. https://doi.org/10.1007//s12592-01900332-2

Beushausen, J. (2016). *Beratung lernen.* Barbara Budrich.

Beushausen, J. (2020). *Beratung lernen. Grundlagen Psychosozialer Beratung und Sozialtherapie für Studium und Praxis* (2. überarbeitete Auflage). Barbara Budrich.

bfarm (2023): *Digitale Gesundheitsanwendungen (DiGA).* Bewertet vom BfArM gemäß § 139e SGB V. https://diga.bfarm.de/de/verzeichnis?category=%5B%2277%22%2C%2292%22%5D&type=%5B%5D

Braches-Chyrek, R. (2017). Beraten und Kommunizieren. In Kessl, F., Kruse, E., Stövesand, S. & Thole, W. (Hrsg.). *Soziale Arbeit – Kernthemen und Problemfelder.* Barbara Budrich, S. 235–242.

Chiusi, F., Fischer, S., Kayser-Bril, N. & Spielkamp, M. (Hrsg.) (2020). *Automating Society Report 2020.* https://automatingsociety.algorithmwatch.org

Coughlin, C. (2023). *The Genius Strategies to Become a Better Listener l.* Recording Time 1:01:25 bis 1:01:55 [Video]. YouTube. https://dexa.ai/tkp/episodes/doc_797

Digital Streetwork Bayern (2023). https://www.digital-streetwork-bayern.de/

Dreier, R. (2019). Welcher Messenger passt für die soziale Arbeit? In *neue caritas. Politik/Praxis/Forschung* 15. https://www.caritas.de/neue-caritas/heftarchiv/jahrgang2019/artikel/welcher-messenger-passt-fuer-die-soziale-arbeit

Ehrhardt, S. & Zeller M. (2021). Psychosoziale Beratung und Therapie in virtuellen Settings. In *Klinische Sozialarbeit. Zeitschrift für psychosoziale Praxis und Forschung* 17(4), S. 13–15.

Engel, F. (2019). Beratung unter Onlinebedingungen. In Rietmann S., Sawatzki, M. & Berg, M. (Hrsg.), *Beratung und Digitalisierung. Zwischen Euphorie und Skepsis.* Springer VS, S. 3–39.

Evans, M. & Hilbert, J. (2020). Zur Zukunft der Arbeit in der Sozial- und Gesundheitswirtschaft in der Digitalisierungsära. In Kutscher, N., Ley, T., Seelmeyer, U., Siller, F., Tillmann, A. & Zorn, I. (Hrsg.) (2020). *Handbuch Soziale Arbeit und Digitalisierung.* Beltz Juventa, S. 76–89.

Gerull, S. (2014). *Hausbesuche in der Sozialen Arbeit.* Barbara Budrich.

Heinzelmann, F., Holzmeyer, T., Proschek, K. & Sowa, F. (2021). Digitalisierung als Projektionsfläche. In Wunder, M. (Hrsg.). *Digitalisierung und Soziale Arbeit.* Julius Klinkhardt, S. 143–156. doi.org/10.35468/5911-0

Hochuli Freund, U. & Stotz, W. (2017). *Kooperative Prozessgestaltung in der Sozialen Arbeit. Ein methodenintegratives Lehrbuch.* Stuttgart, Kohlhammer.

Janneck, M. (2008). *Das Fünf-Ebenen-Modell der computervermittelten Kommunikation.* Workshop Gemeinschaften in Neuen Medien (GeNeMe) 2008.

Klauer, T. & Schneider, W. (2016). Behandlungsmotivation und Indikation von Psychotherapie. In *Psychotherapeut* 4, S. 318–326.

Klinger, S. Mayr, A. & Sackl-Sharif, S. (2022). Digitalisierung der Handlungspraxis in der Sozialen Arbeit. Kontrastierung nach Angebotsstrukturen und Zielgruppen. In *Forum Qualitative Sozialforschung* 23(2), Art. 14, S. 1–31.

Klix-van Drunen, G., Rieth, C. & Schettler, R. (2009). Praxisfelder. In Evangelische Konferenz für TelefonSeelsorge und Offene Tür e.V. (Hrsg.). *Handbuch Suizidprävention.* Wahrlich, S. 49–83.

Kuckartz, U. & Rädiker, S. (2022). *Qualitative Inhaltsanalyse. Methoden, Praxis, Computerunterstützung.* Beltz Juventa.

Kutscher, N. (2014). Apps, Facebook, Onlineberatung… Soziale Arbeit goes digital. In *Sozial Extra* 4, S. 39–41. https://doi.org/10.1007/s12054-014-0093-y

Life Ehealth App (2023). *"Sharing Stories, Sharing Life" E-Health App.* https://www.netural.com/de/projekte/sharing-stories-sharing-life-ehealth-app

Maier-Rabler, U. (2021). Sozial braucht Digital: Digitalisierung in der Gesellschaft. In *Digitalisierung in der Sozialen Arbeit. Herausforderungen und Potenziale. Dokumentation der Jahreskonferenz 2021 des Österreichischen Komitees für Soziale Arbeit.* Wien, S. 13–33.

Müller, A., Wölfing, K. & Müller W. K. (2018). *Verhaltenssüchte – Pathologisches Kaufen, Spielsucht und Internetsucht.* Fortschritt der Psychotherapie, Band 70. hogrefe.

Otto, H.-U. & Thiersch, H. (Hrsg.) (2011). *Handbuch Soziale Arbeit. Grundlagen der Sozialarbeit und Sozialpädagogik.* 4., völlig neu bearbeitete Auflage. München, Reinhardt.

Pauls, H. & Reicherts, M. (2013). Allgemeine Basiskompetenzen für sozialtherapeutische Beratung – ein Konzept zur Systematisierung. In Pauls, H., Stockmann, P. & Reicherts, M. (Hrsg.). *Beratungskompetenzen für die psychosoziale Fallarbeit: Ein sozialtherapeutisches Profil.* Lambertus, S. 57–78.

ready4life (2023). *ready4Life: Coaching App unterstützt Schulsozialarbeit.* https://www.neustart.at/ready-4-life-neustart/

Reischl, H. (2022). *Sozialtherapeutische Beratungskompetenzen in der Fallarbeit am Telefon: Herausforderungen in der Betreuung suchtkranker Klient*innen im „Verein Dialog" während der COVID-19-Pandemie.* Masterarbeit, FH Campus Wien.

Richter, C. (2021). *Digitalisierung in der sozialen Dienstleistungsarbeit – Status quo und mögliche Perspektiven.* In *Digitalisierung in der Sozialen Arbeit. Herausforderungen und Potenziale. Dokumentation der Jahreskonferenz 2021 des Österreichischen Komitees für Soziale Arbeit.* Wien, S. 43–52.

Roeske, A. (2021). Datafizierung, Daten(quellen) und die (Re)produktion digitaler Ungleichheiten in Schule und Schulsozialarbeit. In Freier, C., König, J., Manzeschke, A. & Städtler-Mach, B. (Hrsg.). *Gegenwart und Zukunft sozialer Dienstleistungsarbeit. Chancen und Risiken der Digitalisierung in der Sozialwirtschaft.* Springer VS, S. 333–347.

Rösch, B., Heinzelmann, F. & Sowa, F. (2021). Homeless in Cyberspace? Über die digitale Ungleichheit wohnungsloser Menschen. In Freier, C., König, J., Manzeschke, A. & Städtler-Mach, B. (Hrsg.), *Gegenwart und Zukunft sozialer Dienstleistungsarbeit. Chancen und Risiken der Digitalisierung in der Sozialwirtschaft.* Springer VS, S. 347–361.

Tillmann, A. (2020). Veränderte Lebenswelten im Zuge gesellschaftlicher Digitalisierungsprozesse. In Kutscher, N., Ley, T., Seelmeyer, U., Siller, F., Tillmann, A. & Zorn, I. (Hrsg.). *Handbuch Soziale Arbeit und Digitalisierung.* Beltz Juventa, S. 89–101.

Wenski, G. (2022). *Das kleine Handbuch kognitiver Irrtümer. Denkfehler vermeiden – mit Psychologie & Verhaltensökonomik.* Springer.

Widulle, W. (2020). *Gesprächsführung in der Sozialen Arbeit. Grundlagen und Gestaltungshilfen.* 3. völlig überarbeitete Auflage. Springer VS.

Lösungen und Formulierungsvorschläge

Trainingsblatt 5
Sprachliche Vermittlung von Informationen bei Kanalreduktion (✍ T 5)

Formulierungsvorschläge für Phrasen:

Zu 1.: „Ich öffne jetzt eine Datei, wo ich mir die Information dazu vermerkt habe. Das kann einen kleinen Moment dauern. Bitte geben Sie mir einen Augenblick dafür Zeit."

Zu 2.: „Es hat soeben an der Tür geklopft. Ich muss unser Gespräch kurz unterbrechen und schalte für einen Moment das Mikrofon aus."

Zu 3.: „Während Sie sprechen, schaue ich ein wenig zur Seite, denn neben meinem Computer liegt ein Schreibblock, wo ich mir Notizen zu unserem Gespräch mache. Ich höre Ihnen aufmerksam zu."

Zu 4.: „Mein Computer zeigt an, dass meine Internetverbindung nicht stabil ist. Ab und zu höre ich Sie nur sehr abgehackt. Sollen wir auf unseren Plan zurückkommen und per Telefon weitersprechen?"

Trainingsblatt 2
Anerkennende Wertschätzung vermitteln (✍ T 2)

Formulierungsvorschlag:

Frau/Herr A, Sie haben für unser heutiges Gespräch alle Unterlagen besorgt. Ich weiß, wie zeitaufwendig das für Sie war. Durch Ihre umfassende Vorarbeit können wir heute den Antrag fertigstellen und Sie sind dem Ziel wieder einen Schritt nähergekommen.